Guía de supervivencia para personas altamente empáticas

Haz de tu personalidad tu mejor arma. Aprende a protegerte de relaciones narcisistas y da la bienvenida a la mejor versión de ti mismo

Tabla de Contenidos

Introducción

Hay un tipo único de individuos que están dotados con la habilidad de no sólo experimentar sus emociones y las de las personas que los rodean; también pueden experimentar el dolor físico de otras personas. Estas personas entran en una habitación, y en cuestión de minutos pueden captar con precisión las vibraciones de las personas que se encuentran en la habitación. Esto puede sonar como una superpotencia genial que pertenece al conjunto de X-Men, pero en realidad, es algo que puede ser muy difícil de manejar y no muchas personas están emocional y mentalmente preparadas para manejar estos dones. Puedes identificar a estas personas como personas que son demasiado sensibles. Los expertos en psicología los perfilan como empáticos y su historia no siempre es una de esas de los que se quedan felices para siempre.

Durante mucho tiempo, las emociones han sido desaprobadas como una debilidad y mostrarlas fue descrito como un rasgo femenino en el mejor de los casos. En el peor de los casos, las personas que mostraron sus emociones demasiadas veces fueron consideradas como personas que no tienen control sobre cómo se sienten. Términos despectivos como "impredecible", "cáscaras de huevo andantes", "bebé llorón" y tantos otros nombres que no se pueden imprimir se utilizan para etiquetar a las personas que se atreven a mostrar sus emociones. La percepción negativa general sobre las emociones se ha entretejido en la base misma de la sociedad que es la familia. Hay muchas familias hoy en día que hacen cumplir medidas estrictas para disuadir cualquier manifestación de emociones en el hogar. Esta necesidad de cerrar un aspecto crucial de uno mismo ha llevado a muchos a sufrir silenciosamente durante una parte mejor de sus vidas. Para un empático, viven con el doble trauma de lidiar con sus propias emociones, así como con el dolor de los demás. Esto los deja constantemente abrumados emocionalmente. Si escogiste este libro, lo más probable es que seas empático o que conozcas a un empático que lucha con su carga emocional.

Pero ¿qué tal si te dijera que esas mismas emociones que sientes te incapacitan y tu habilidad para prosperar puede ser canalizada para hacerte una mejor versión de ti mismo y al hacerlo, puedes enriquecer tu vida? Suena demasiado bueno para ser verdad, ¿verdad? Bueno, aquí hay una verdad que muchos de nosotros escuchamos pero que no creemos porque han sido arrojados en la misma categoría que los clichés de la vida ineficaces que la gente nos cuenta. Tus emociones son cualquier cosa menos débil. De hecho, son descritas como una de las fuerzas más poderosas que poseen los seres humanos y, puedo decirles que apagar sus emociones no les va a hacer ningún bien. La única manera de avanzar es abrazar esos sentimientos eligiendo aceptar tus habilidades como una empatía.

Ser empático va más allá de entender tus emociones. Como empático, abrazas las emociones de los demás. La riqueza de comprensión que adquieres en este proceso te regala una perspectiva única del mundo y de las personas con las que te encuentras diariamente. Esto ayuda mucho a fomentar relaciones que son más significativas e impactantes. Lo más importante es que, como empático, desarrollas una conexión más profunda contigo mismo lo cual te da poder para entender el dolor. Esta no es una moda de psicología de la nueva era que esté de moda en este momento. Este eres tú recuperando el poder de la gente que ha etiquetado la forma en que realmente te sientes tan débil y evolucionando hacia el "verdadero tú" que estás destinado a ser.

Con este libro, finalmente puedes quitarte la máscara que la sociedad te ha obligado a llevar y afrontar tu realidad. Como empático que tuvo que navegar el proceso de mi "devenir" sin un guía, sé lo difícil que es encontrarle sentido a lo que sientes. Pasé muchas horas buscando en Internet información sobre estos arcos iris de emociones que experimento todos los días. He estado cerca de varias averías, no porque haya tenido muchas malas experiencias o porque estuviera asumiendo una carga de trabajo mayor de la que normalmente tendría. Estaba constantemente abrumada por lo que sentía. La gente venía a mí con sus problemas porque yo tenía la habilidad de ser un gran oyente y podía conectarme con ellos de maneras que les reconfortaban. Sin embargo, también terminé teniendo que lidiar con las consecuencias emocionales de sus problemas. Busqué asesoramiento y por un tiempo, eso me ayudó. Pero, aun así, busqué la validación de las personas con las que trato día a día. No quería desmoronarme emocionalmente frente a ellos para poder seguir siendo su consejero.

Esto significaba que tenía que actuar como si tuviera mi vida en orden el 100% del tiempo, incluso si en realidad, sentía que apenas podía evitar que las costuras se rompieran. En términos muy sucintos, yo era un desastre. Por esta razón, te comparto mi historia para que puedas aprender a lidiar y a aprovechar el ser una persona empática. Podrás:

- Dar sentido a las emociones que estaba sintiendo
- Encontrar la fuerza para abrazar estas partes aparentemente caóticas de mí mismo
- Aprender a manejar mejor mis emociones

- Desbloquear mi naturaleza intuitiva natural y prestar más atención a mis instintos
- Ser mejor en el manejo de mis relaciones con la gente

Tal vez estés leyendo mi historia y sientas que te estás mirando en el espejo de tu propia vida. Te aseguro que, si yo puedo encontrar el camino de regreso, tú también puedes. Sin embargo, hay una advertencia. Vivir como una persona empática requiere que seas deliberado sobre tus decisiones. Cualquier cosa menos podría enviarte en una espiral descendente a un lugar oscuro del que no mucha gente se recupera. Antes de pasar al siguiente capítulo, quiero que te tomes un momento y decidas aquí mismo, ahora mismo, que vas a ser más deliberado sobre las decisiones que tomes en el futuro.

Dicho esto, la información que recibirás en este libro son pasos prácticos que puedes tomar diariamente para ayudarte a manejar mejor tus emociones mientras navegas por las turbias aguas emocionales de otras personas. Al final de este libro, serás capaz de pararse en una azotea y declarar con orgullo que sabe quién eres. Ese conocimiento es poderoso y muy edificante. Así que, para comenzar el siguiente capítulo de tu vida, pasa a la siguiente página. Las cosas se van a poner emocionantes.

Capítulo Uno - ¿Es una persona empática?

Yo era un adolescente cuando tuve mi primer encuentro con la palabra "empático". Era de una serie de televisión que era popular en ese momento. En esta serie, el empático fue retratado como alguien dotado de poderes divinos y la habilidad de sentir todo lo que la gente a su alrededor sentía. Este empático podía sentir el olor, alegría, enojo e incluso miedos de las personas que lo rodeaban. En este mundo ficticio, los poderes de la empatía eran transferibles, pero si alguien que no fuera un verdadero empático intentaba tomar estos poderes, se veía aplastado por el peso de las emociones. Esta interpretación de una empatía es ciertamente fascinante, pero también muy extrema.

Los amantes de la ciencia ficción comparten una visión similar con los creadores de esta serie de fantasía. Culturalmente, se cree que los empáticos son humanos que poseen esta habilidad paranormal para sentir con precisión el estado emocional de los demás. Un empático popular en la tendencia actual de la ciencia ficción sería Mantis de la película *Guardianes de la galaxia*. Una vez más, todo esto es muy guay, pero la realidad nos cuenta una historia diferente.

¿Qué es un empático?

Un empático es simplemente una persona con una mayor conciencia de las emociones que le rodean. Más allá de esta conciencia, los empáticos tienden a mostrar mucha empatía hacia otras personas, tanto que pueden experimentar las emociones de los demás como si fueran las suyas Los empáticos no sólo observan a las personas; tienen la habilidad innata de experimentarlas desde adentro. El

8

término "habilidad" se utiliza aquí de forma imprecisa. No connota la existencia de rasgos sobrenaturales, sino que se dirige a un rasgo de personalidad que los define de manera única.

En psicología, los empáticos se describen como personas que tienen una gran cantidad de empatía por los demás. Dado todo lo que he explicado hasta ahora, puede parecer un poco decepcionante ver la definición con tanta sencillez. Los empáticos son poderosamente únicos porque pueden sentir emociones que las personas a su alrededor tratan de ocultar. Sin embargo, sin la información correcta, esta "singularidad" puede causar mucha frustración. Dicho esto, ¿cómo puedes saber si eres realmente un empático y no estás simplemente proyectando lo que esperas ser?

He compilado una lista que explora las características de la mayoría de los empáticos. Si se relaciona con seis o más de las siguientes características, es probable que sea un empático.

10 señales de Empatía

1. Los espacios superpoblados hacen que te sientas abrumado.

Cuando estás en un mar de gente, tus emociones te bañan como las olas, y, para una persona que tiene tendencia a sentirlo todo, puede dejarte abrumado. La sensación es similar a la de experimentar una sobrecarga sensorial en la que todos los sentidos se disparan en diferentes direcciones.

2. Personaliza las experiencias de los demás

Cuando un amigo viene a ti con historias que tienen un fuerte contenido emocional, no sólo escuchas y tratas de medir su estado mental actual. Te ves caminando en sus zapatos y reviviendo sus experiencias como si te hubieran pasado a ti. Al final de esa conversación, no es sólo un observador, sino un participante activo en el evento. Esto te deja tan irritado emocionalmente como la persona que compartió su experiencia contigo.

3. Te etiquetan como "emocional" o "demasiado sensible".

La forma en que la gente te describe puede dar una idea de tu personalidad. Una vez más, no es a menudo exacto, pero habla de las acciones llevadas a cabo que conducen a la percepción general de ser un ser demasiado emocional o sensible. Ahora ser emocional va más allá de la capacidad de llorar de inmediato. Se deduce que te irritas fácilmente.

4. Tratar con la gente te deja exhausto.

Hay personas que atraviesan un arco iris de emociones en cuestión de minutos y este tipo de personas pueden ser agotadoras incluso para una persona normal. Para un empático, es el doble de malo. Podría hablar con la persona de maneras de diferentes maneras y aun así agotarse. ¿Por qué? Porque puedes sentir las emociones debajo de la fachada. Los empáticos tienen un fuerte radar para los verdaderos sentimientos de alguien, y rara vez son engañados por las pretensiones.

5. La mayoría de la gente se siente comprendida por ti

Este no es muy inteligente porque realmente entiendes a la gente. Tu habilidad para ver las cosas desde su perspectiva y sentir empatía con ellas te da una conexión única. De una manera extraña pero encomiable, tienes este vínculo de "tú eres ellos" que te pone en su lugar. Por esta razón, la gente tiende a sentirse atraída por ti. Pueden sentirse vistos de maneras que normalmente no se sienten vistos. Tristemente, no mucha gente entiende los empáticos, excepto otros empáticos.

6. Eres más que nada un introvertido.

Su necesidad de tratar con personas en dosis muy limitadas lo pone al margen de los eventos sociales, pero es probable que no le importe tanto. Incluso puede que le guste. Los empáticos son más propensos a ser introvertidos porque absorber las emociones de los demás puede ser agotador, por lo que tienden a necesitar mucho tiempo a solas. Los empáticos extrovertidos existen, pero son raros.

7. Puedes intuitivamente sentir emociones

Este es un gran indicador de que eres un empático. Casi nunca te dejas engañar por los encantos y la sonrisa de una persona. Si una persona comete el error de venir a ti con mentiras, puedes detectarlo en un abrir y cerrar de ojos sin tener que hacer preguntas. No hay ninguna técnica para esto cuando se trata de ti. No está buscando ese pulso elevado, pupilas dilatadas o palmas de las manos sudorosas. Un empático lo sabe.

8. Te sientes conectado a la naturaleza

Este es otro rasgo humano general. No es definitivo, pero es muy común con los empáticos. Tu conexión con la naturaleza va más allá del amor por los árboles y el canto de los pájaros. Estas cosas te dan placer, pero también te dan una sensación de rejuvenecimiento. Algunas personas se sienten repuestas después de una buena noche de descanso, otras buscan consuelo en la comida, pero para ti, la naturaleza es lo que hace que tus jugos se levanten y fluyan.

9. Nunca se puede decir que no a una persona necesitada.

Tus experiencias con el dolor, el sufrimiento o la alegría de otras personas no terminan cuando tú "sientes" lo que ellos sienten. Te obliga a actuar. No vas a dejar a esa niña llorando en la esquina simplemente porque su mamá está allí con ella. Quieres ayudarla a sentirse mejor. Dejar caer unas monedas en la taza por ese vagabundo no va a ser suficiente para ti. Vas a casa, coges un buen par de calcetines, una manta caliente y usada con cariño y se la das. Y si ese hombre deja de venir a la zona, puede que seas uno de los primeros en darte cuenta. Debido a que a los empáticos les cuesta decir que no, muchos de ellos tienen dificultades para aceptar más de lo que pueden soportar. Quieren ayudar a todos, y esto puede hacer que se sientan agotados.

10. Puedes sentir empatía con casi todo el mundo

No se trata sólo de sentir las emociones de las personas sin hogar y de los niños que lloran. Enfrentémoslo, es fácil identificarse con la gente vulnerable de nuestra sociedad, y cualquier persona amable lo haría. Los empáticos pueden sentir empatía por todo el mundo. Si dos personas se pelean, un empático puede no estar de acuerdo con las acciones del agresor, pero aun así pueden tener empatía por ellos. Son capaces de identificar los sentimientos que causaron que la persona se comportara de esa manera y pueden identificarse con esa profunda necesidad. Una verdadera señal de empatía es cuando pueden conectarse emocionalmente con alguien de quien todos los demás se han apartado.

Antes de empezar este libro, probablemente ya sospechabas que eras un empático. Ahora que has afirmado esto, ¿cómo se siente? Recuerdo lo aliviada que me sentí al descubrir finalmente el concepto de empatía. Puede ser una experiencia liberadora identificarse finalmente con algo y saber que no estás solo.

Ahora, aclaremos algo importante. Hay algunas palabras que se usan indistintamente con la palabra "empatía". Pueden haber sido usados para describir ciertos aspectos de una empatía, pero no significan de ninguna manera que una persona que posee estas cualidades sea una empatía. Es importante hacer una distinción clara para evitar confusiones en el futuro.

Empático, introvertido y sensible: ¿Cuál es la diferencia?

Comencemos con la definición estándar del diccionario de estas palabras antes de explorarlas en profundidad. Una persona que es descrita como empática, muestra la habilidad de entender y compartir los sentimientos de otra persona. Un introvertido, por otro lado, es una persona tímida y solitaria que se siente con más energía cuando pasa tiempo consigo misma. Y finalmente, una persona sensible es alguien que reacciona rápidamente a las acciones o reacciones de otros. Como podemos ver, estos son tres rasgos diferentes con tres significados diferentes. Aunque es muy posible que un verdadero empático posea cada uno de estos tres rasgos, ninguno de estos rasgos por sí solo puede convertirte en un empático.

Hay personas que tienen la capacidad de sentir empatía por los demás. Se sienten mal por el dolor por el que está pasando otra persona, pero eso no les hace sentir empatía a todos. La empatía es un maravilloso rasgo humano que puede dar a luz a la bondad. Los empáticos, por otro lado, no sólo se sienten mal por el dolor de los demás, sino que lo personalizan y lo hacen suyo. Se necesita una disciplina hábil para que un empático llegue a un lugar donde su interpretación del dolor de los demás no los incapacite emocionalmente.

Algunos empáticos se vuelven introvertidos porque quieren esconderse de la angustia que les causan las interacciones frecuentes con las personas. Sin embargo, necesitan esas interacciones con las personas para hacer pleno uso de sus habilidades empáticas. Si continúan escondiéndose en la soledad, esa naturaleza empática puede ser enterrada y simplemente se convertirán en introvertidos. Ahora, los introvertidos se deleitan en estar solos. Más allá de la necesidad básica de la interacción humana (e incluso entonces, con personas muy limitadas), al introvertido no le agrada comprometerse con personas ajenas a aquellas con las que tiene un vínculo. Para los empáticos, esta soledad tiene la intención de proporcionar un breve alivio de la avalancha de emociones que los golpea durante las interacciones sociales.

Finalmente, ser sensible no se traduce inmediatamente en una hiperconciencia de las emociones de otras personas Las personas sensibles pueden ser muy conscientes de sus deseos y necesidades, o por lo menos, saben cuándo no están obteniendo lo que quieren y necesitan. Tienen una percepción fija de lo que sienten que es correcto o incorrecto y cuando las palabras, acciones o reacciones percibidas van en contra de esta información que tienen de sí mismos, reaccionan. Incluso cuando reaccionan a la información que afecta a los demás, ésta suele centrarse en su percepción de las experiencias de los demás. Muchos individuos arrogantes y narcisistas pueden ser descritos con precisión como sensibles, y son lo opuesto a una persona empática. ¿Alguna vez has visto a un narcisista entristecerse o enojarse porque no se sale con la suya? Exactamente. Muchos narcisistas pueden incluso llamarse a sí mismos empáticos como una forma de excusar sus emociones inapropiadas, pero nunca olviden que una verdadera empatía debe tener empatía por otras personas.

En resumen, estos pueden ser rasgos maravillosos para tener como persona y dependiendo de su tipo de personalidad, pueden servirle bien. Sin embargo, hay más en ser un empático que esto. En términos generales, el mal uso de ciertas palabras para identificar a un empático no son los únicos conceptos erróneos que existen.

8 conceptos erróneos sobre los empáticos

1. Los empáticos son débiles

Esta es sólo una de las muchas etiquetas despectivas usadas por personas que no entienden la compasión de un empático. Esta gente desprecia cualquier muestra de emoción que no sea la ira. En realidad, los empáticos pueden ser algunas de las personas más fuertes que hayas conocido. Puede ser agotador sentir tantas emociones tan fácilmente, y se necesita verdadera fuerza para levantarse de nuevo después de sentirse tan abrumado.

2. Los empáticos no pueden ser líderes

Una organización en la que no existe ninguna forma de empatía en la gestión daría lugar a un entorno tóxico en el que los trabajadores no podrían prosperar y, en última instancia, podrían abandonar sus puestos. Un líder empático no está constantemente desbordante de emociones; un líder empático puede simplemente ver a sus empleados como seres humanos, y no sólo como engranajes de sus máquinas. Los líderes que pueden empatizar con sus empleados serán más apreciados por ellos. Cuando los trabajadores de una organización se respetan mutuamente, se convierten instantáneamente en un equipo fantástico.

3. Los empáticos no pueden ser racionales

Creo que este es el mayor error de todos ellos. Un empático es alguien que ve más allá de los hechos cuando realiza sus análisis. Su capacidad para combinar los hechos con intuición les da una imagen más completa de la situación en cuestión. Un empático no está empantanado por las emociones en su toma de decisiones, simplemente tiene más información sobre la que actuar. Los empáticos pueden tardar más en tomar una decisión, ya que tienen más que considerar, pero la empatía no impide el sentido de racionalidad de alguien.

4. Los empáticos son psíquicos

Este es uno de esos mitos que desearía que no tuviéramos que disipar. Dada la precisión con la que un empático puede descifrar las emociones verdaderas y atrapar a un mentiroso, tienes que preguntarte si hay algún ángulo sobrenatural en ello. No hay nada sobrenatural en ello. Los empáticos son muy hábiles en la lectura de micro expresiones, tonos y lenguaje corporal. No captan estas emociones de la nada, las señales están ahí todo el tiempo; es sólo que la mayoría de la gente no puede leerlas.

5. Todos los empáticos son introvertidos.

El hecho es que la mayoría de los empáticos muestran algunas tendencias introvertidas, pero no siempre son introvertidos. Hay un montón de empáticos que son extrovertidos, y muchos de ellos son mejores escondiéndolo cuando se sienten emocionalmente abrumados. Todavía necesitan tiempo para recargarse y reiniciar después de los escenarios sociales, pero se sienten más obligados a volver a salir una vez que han tenido el descanso que necesitan.

6. Los empáticos son personajes de ficción formados por cómics.

Quiero lanzarme a una letanía de palabras para refutar esto, pero el hecho de que tú y yo existamos es suficiente para demostrar que no es cierto. Los psicólogos han reconocido públicamente que los empáticos existen e incluso pueden identificar lo que nos hace ser como somos. ¿Necesitamos más pruebas que eso?

7. Los empáticos siempre están llorando y son demasiado emocionales.

La mayoría de la gente espera que un empático tenga un colapso emocional cada hora más o menos. Nuestras habilidades como empáticos nos permiten acceder a una puerta a la que no mucha gente puede llegar y, a veces, lo que encontramos al otro lado puede ser muy desconcertante y en algunos casos abrumador. Pero, esa imagen del empático que está constantemente en posición fetal llorando a mares es completamente inexacta. Mientras que los empáticos *pueden* llegar a ser muy emocionales, sólo un pequeño porcentaje de ellos se encuentran en ese estado permanentemente. Después de un tiempo, los empáticos aprenden a usar su don. Tienden a ser conscientes de cuándo necesitan retirarse para evitar que lleguen a ese estado.

8. Los empáticos son víctimas de traumas

Muchas víctimas de traumas pueden volverse empáticas, pero no por el trauma. A veces los empáticos pueden vivir vidas perfectamente afortunadas y estables, sin mucha exposición al trauma en absoluto, y seguirán teniendo una fuerte empatía con aquellos que son diferentes a ellos. Esto es lo que hace a los empáticos tan increíbles. La mayoría de la gente necesita experimentar algo para aprender de ello, pero los empáticos pueden absorberlo instantáneamente.

Capítulo Dos - Entendiendo el don de la empatía

Dado todo lo que has sentido en tu vida, es posible que te sientas renuente a considerar las cualidades o habilidades empáticas como un regalo. ¿Y quién puede culparte? Tu viaje emocional hasta este punto ha sido como una montaña rusa. La mayoría de las personas tienen dificultad para procesar las emociones que encuentran. Un empático puede pasar por todo un menú de emociones antes de que acabe la mañana y eso no es todo. Experimentas estas emociones a un nivel de intensidad que normalmente erosionaría lo que me gusta llamar tus puntos nerviosos emocionales (son como los números de la escala excepto que, en este caso, no están evaluando tu peso sino tus límites). Muchas personas se quebrarían si experimentaran una fracción de lo que tú sientes. En este punto, tú y tus emociones son como una montaña con un volcán activo. Tu exterior esconde la confusión que se vive en el interior.

Probablemente estés pensando: "Este escritor a tiempo parcial y empático a tiempo completo está haciendo un mal trabajo vendiendo la idea de ver tus habilidades empáticas como un regalo. "Bueno, eso es porque todo lo que he esbozado puede ser considerado una debilidad, si se mira a través del lente equivocado. ¿Pero quieres saber un secreto? Puedes fácilmente hacer de esta debilidad tu superpoder. Sólo necesitas saber cómo.

La capacidad de procesar una variedad de emociones más rápido que la persona promedio requiere mucha fuerza. La forma en que experimentas emociones e interacciones con tanta profundidad es un nuevo tipo de inteligencia. ¿Y ser el equivalente humano de un volcán? ¡Vamos! ¿Qué tan increíble es eso?

Mucha gente considera el don de empatía como una superpotencia, pero en realidad puede ser explicado con la ciencia. Profundicemos más, ¿sí?

La ciencia detrás de la empatía y la empatía

Las explicaciones que he dado para la empatía, hasta ahora, han venido desde un punto de vista psicológico y experiencial. Pero ¿qué tiene que decir la ciencia al respecto? Se han hecho una cantidad sorprendente de investigación sobre el tema, y hay más de un puñado de teorías que explican la experiencia de la empatía. Algunas de estas teorías son una tontería y no se sostendrían en ningún tribunal científico, pero encontré algunas bastante interesantes.

Examiné tantas teorías científicas como me fue posible en el curso de mi investigación. Las clasifiqué en diferentes carpetas: las totalmente locas, las de ciencia ficción y las que realmente me dieron una pausa. Compartiré las mejores teorías que tenían más sentido para mí. ¿Y qué tal uno de los tontos para terminar riendo?

Teoría #1:

Los chicos que pasan sus carreras estudiando el cerebro tenían que conseguir un lugar en esta lista y no decepcionaron. Según ellos, los empáticos se comportan como lo hacen debido al efecto espejo. El efecto espejo esencialmente nos dice que cuando vemos a alguien hacer algo, la parte de nuestro cerebro que es responsable de ejecutar esas mismas acciones se dispara. Sin darnos cuenta, esa acción se ejecuta neurológicamente. Y aunque en realidad, esa acción nunca fue llevada a cabo por nosotros, nuestro cerebro nos transmite la información como si realmente hubiéramos realizado esas acciones. Posteriormente, experimentamos las consecuencias de esas acciones de primera mano como si nos hubieran ocurrido a nosotros.

Digamos que tu amiga te cuenta sobre su horrible ruptura y cómo tuvo que guardar todas las cosas de su expareja en una maleta. Una persona empática se pone inmediatamente en esa posición. Es casi como si tú mismo estuvieras allí, guardando las pertenencias de la persona a la que estás a punto de despedirte para siempre. No estuviste allí, pero te parece real. Sientes la tristeza en su totalidad. La parte de tu cerebro que estaría activa durante ese escenario está, de hecho, activa ahora. Y todo lo que necesitabas era escuchar la historia de tu amigo. Esa es la vida de un empático.

Estoy dispuesto a apostar que has experimentado esto antes. Según los neurocientíficos, cuando vemos a una persona tomar cierta acción, nuestro cerebro nos dice que hemos hecho lo mismo y experimentamos lo que ellos sienten. Desde el punto de vista neurológico, hemos caminado una milla en su lugar.

El estudio se centró en la empatía y no en los empáticos en particular. Lo que demostró es que la empatía es una elección. Sí, lo has leído bien. La transmisión de señales del cerebro puede haber sonado como una reacción involuntaria, como un reflejo parpadeante, pero en realidad, el cerebro decide en menos de un nanosegundo si se va a involucrar en el efecto espejo. La demostración de empatía se convierte en una elección. Los psicópatas se niegan rotundamente a participar en ese proceso al separarse deliberadamente emocionalmente.

Este segundo estudio afinó el propósito de su investigación. No se trataba sólo de empatía en este caso ahora. Tenía la intención de explicar por qué algunas personas son más empáticas que otras. La persona a cargo de este proyecto decidió no usar la palabra 'empatía'. En vez de eso, se usó 'altruista'. Es importante tener en cuenta que existen diferentes tipos de altruistas. Tienes al altruista de la familia. Como su nombre lo indica, estos chicos son muy empáticos con las personas que consideran que están estrechamente relacionadas con ellos. Una madre que experimenta la angustia de su hijo muestra empatía como ninguna otra, pero eso no la convierte en una empática ahora, ¿verdad? El segundo grupo de altruistas se clasifica bajo el grupo basado en la reciprocidad. Son lo que me gusta llamar, el rasguño de mi espalda y el rasguño de su espalda tipo de donante. Para ellos, un favor es un bono que tienen en alta estima con toda intención de pagarlo en adelante sin importar el costo para ellos. ¿Alguna vez has visto esas películas en las que el héroe llama a un "viejo amigo" que le debe un favor para que le ayude a completar una misión? La mayoría de las veces, este viejo amigo muere, pero no antes de decirle al héroe que ha pagado su deuda (tan triste cuando eso sucede). Bueno, de eso es de lo que estamos hablando aquí. Y luego está el tercer grupo de chicos que hacen lo que hacen simplemente porque se preocupan genuinamente por el bienestar de la persona por la que están haciendo esta buena acción. No deben tener una relación previa con la persona y, de hecho, las personas de este grupo prefieren hacer sus generosas donaciones de manera anónima. Estos héroes que no se escapan se clasifican como altruistas basados en el cuidado en el experimento y fueron el foco principal de esta investigación. Dicho esto, volvamos a la investigación.

Los participantes donde la gente que ha hecho actos desinteresados como donar un órgano a un completo extraño y otras cosas realmente geniales (que podrían tenerte considerando cuál sería tu próximo 'dar' si sabes a lo que me refiero). Fueron emparejados con personas que nunca lo han hecho y se les pidió a ambos grupos que miraran imágenes diferentes que mostraran diferentes expresiones emocionales. Sus cerebros fueron mapeados para monitorear su reacción a estas imágenes y los resultados fueron documentados. Lo que mostró fue que las amígdalas, que son la parte del cerebro responsable de procesar las emociones, entre otras cosas, parecían ser un 8 por ciento más grandes que los no altruistas regulares del grupo, lo cual es increíble. Por supuesto, también examinaron a los otros tipos en el otro extremo (los psicópatas) y lo que encontraron fue que las amígdalas de los psicópatas eran 18 por ciento más pequeñas que el promedio. Esto tenía sentido para mí. La idea de que los empáticos son esencialmente personas con un bono neurológico en la derecha lo son. ¿Quién iba a saber que el 8 por ciento podía hacer una gran diferencia, ¿verdad? Pero este fenómeno cerebral no fue lo único que los separó. Se estudiaron otros aspectos de sus vidas y se demostró que ellos (los altruistas basados en el cuidado) eran evidentemente más humildes que sus compañeros. Por eso reaccionaron ante el dolor y los temores de los completos extraños como si fueran los suyos propios. Y esto nos lleva al punto de esta investigación. La investigación fue guiada por el papel que juega el miedo en las decisiones tomadas por los altruistas. Déjame explicarte eso.

Los empáticos son más que simples dadores. La clave para los empáticos es experimentar las emociones de los demás como si fueran las suyas propias. No hay límites en la gama de emociones que sienten. Pueden sentir la rabia de los demás, el dolor e incluso sus alegrías. Este experimento se centró en el aspecto positivo de la empatía y no sólo en el elemento experiencial que es crucial para la definición completa de una empatía. Los investigadores querían averiguar si había una manera de identificar claramente a los verdaderos empáticos. Diría que lo que esto ha sido capaz de lograr es decirnos que algunas personas son visiblemente más sensibles a la angustia de otros y están más motivadas para actuar en consecuencia porque han procesado y personalizado la experiencia de la persona en angustia (de nuevo, el efecto espejo se produce aquí), pero todavía no aborda el tema en su totalidad.

Esta investigación final tomó la teoría del laboratorio en lo que yo puedo describir mejor como "aguas turbulentas". Pero tiene sentido. Especialmente porque viene de un <u>profesor de psicología</u>. La primera investigación que discutí aquí se centró en el efecto espejo. Esta investigación se centró en lo que ellos llamaron la sinestesia de toque de espejo. Según el artículo que leí, se trata de un fenómeno en el que la línea entre lo que realmente se experimenta y lo que se ve es borrosa. En otras palabras, lo que ves y lo que sientes es casi lo mismo. Ahora reflejar el dolor de otra persona es una experiencia bastante común. Como hombre, verás que un hombre que recibe un puñetazo en su región inferior puede inspirar una reacción de un tirón de rodilla por tu parte. Incluso las chicas pueden tener la misma reacción. Sin embargo, las líneas comienzan a desdibujarse cuando no sólo reaccionas físicamente al dolor de esta persona, sino que también experimentas un dolor correspondiente en tu región inferior. Los tipos que llevaron a cabo esta investigación dicen que es tan raro que sólo alrededor del 2 por ciento de la población experimente esto.

Esto me interesó mucho porque he tenido una experiencia personal que yo diría que encaja con este fenómeno. Este fue el período en el que fui a visitar a uno de mis primos más cercanos. Pasé unos días en su casa y la esposa estaba muy embarazada en ese momento. No fue uno de esos embarazos de celebridades con la piel resplandeciente y la belleza completa. Tenía náuseas matutinas, dolor de espalda y acné en la cara y el cuerpo. Me dio tanta pena que al final de mi primer día vomité mucho. Al principio, pensamos que me había contagiado la gripe o algo así. Me pusieron en cuarentena en mi habitación, pero al final del segundo día, estaba claro que estaba reflejando sus síntomas, ya que de repente tenía acné en la cara y el pecho. Este fue un incidente aislado y nunca lo pensé mucho después de ese período. Pero leer sobre esta investigación me recordó eso. De todos modos, volvamos a la investigación.

Lo esencial fue que entregaron materiales a personas al azar para evaluar sus niveles de empatía y luego se les hizo una pequeña prueba. La prueba fue bastante sencilla. Debían sentarse y luego un dedo les daba golpecitos en un lado de la cara mientras ellos miraban a otra persona que estaba siendo golpeada en su cara también excepto que estaba en el lado opuesto. Luego se les preguntó dónde sentían el grifo. La teoría general es que las personas que tienen la sinestesia de toque de espejo dudaban en responder porque no estaban seguras de dónde sentían el grifo. Ahora bien, los resultados no eran del todo concluyentes a la hora de apoyar la existencia de los empáticos. Sin embargo, nos mostraron un aspecto de la empatía que puede explicar por qué algunas personas son muy "empáticas" con otras. La incapacidad de distinguir entre la propia experiencia personal y la de los demás es un concepto perturbador y claramente necesita ser estudiado más a fondo, pero resalta ciertos rasgos. Mi principal conclusión de los resultados de esa investigación es que hay un elemento de elección en el proceso. No hay un defecto de diseño cerebral que te haga más o menos propenso a ser empático. Y creo que los tres tipos de investigación de alguna manera apoyan esto. Una parte de ti reaccionará a ciertas situaciones de manera un poco diferente a como lo harían otras personas, pero al final del día, esto no es algo que estén haciendo sin la participación de su voluntad. En otras palabras, los empáticos no nacen empáticos. Es un proceso. Una combinación de tu educación, valores personales y, a veces, un toque de biología.

Dicho esto, prometí mirar una de las explicaciones científicas no tan convencionales detrás de la existencia de los empáticos. Leí muchos artículos sobre el tema y este en particular me llamó la atención. Según ellos, (ni siquiera voy a hacerte perder el tiempo enviándote allí con un enlace para leerlo) los empáticos son personas que sufren de un trastorno de procesamiento sensorial. Si derramas tu café mientras lees eso, serás perdonado. Pero prepárate, hay más. Ellos creen que los empáticos son personas que son incapaces de clasificar con precisión las experiencias que reciben del mundo que les rodea porque son muy sensibles a todo, desde las vistas hasta los sonidos e incluso los olores. Parafraseando, "cuando la vida se vuelve demasiado estimulante... algunas personas incluso informan de mareos, así como de un aumento de la ansiedad". Me ha costado mucho relacionarme con esto, como estoy seguro de que a ti también le costaría. Pero después de leer su descripción de los comportamientos empáticos, tenía sentido que esto tuviera sentido para ellos. Según ellos (parafraseando de nuevo), "una mayor empatía es el equivalente emocional de sentir dolor con el toque más suave en el brazo". Yo archivaría esto bajo 7234 cosas que un empático no es.

En conclusión, según la ciencia, ser empático no te convierte en un bicho raro. Puedes reaccionar a las cosas de manera diferente, pero eso es sólo una parte de lo que lo hace especial.

La diferencia entre la empatía cognitiva, emocional y compasiva

Cuando empecé este viaje hace unos años para tratar de obtener una definición clara de lo que es el ser y lo que debería significar para mí, tuve la suerte de conocer a algunas personas increíbles en el proceso. Uno de ellos era y sigue siendo hasta el día de hoy un muy buen amigo mío. Me refería a Austin en mis años universitarios justo después de haber llegado a la conclusión de que la ciencia era incapaz de disputar la existencia de los empáticos, el siguiente paso era averiguar cómo manejar todo el asunto y, con eso, me refiero a entendernos mejor. Este amigo mío dijo una de las cosas más profundas de ser un empático. Dijo que ser empático es como tener un vínculo neural con todas las personas que conoces, ves, escuchas o conoces. Por supuesto, fue una cosa muy ingeniosa de decir y muy profunda. Los empáticos están conectados a las personas por sus experiencias emocionales. Si este es el caso, ¿todos los empáticos están cortados de la misma manera? Quiero decir, ¿qué pasa con la empatía con todas estas conexiones? ¿Cómo reaccionan? ¿Experimentan las cosas de la misma manera? Estas preguntas nos hacen pensar que, si no hay nada científicamente que pueda diferenciar a un empático de otro, tiene que haber una manera de llegar a entender qué es lo que hace que los empáticos en general se muevan. Y empezamos a explorar el comportamiento de los empáticos.

Los empáticos reaccionan a las emociones, pero la forma en que reaccionan es lo que los hace únicos. En mi investigación, hay varios tipos de empatía, pero me voy a centrar en tres tipos diferentes (veremos algunos otros más adelante). Y a partir de estas diferencias, creo que somos capaces de encontrar las respuestas a por qué actuamos de la manera en que lo hacemos. Exploraré y explicaré cada tipo uno tras otro y luego lo llevaremos de vuelta a cómo todo eso se correlaciona con lo que sabemos acerca de los empáticos.

Empatía Cognitiva

Estos son empáticos cuyas habilidades empáticas están ligadas a la perspectiva. Para ellos, la experiencia empática tiene más que ver con el hecho de que son capaces de ver las cosas desde el punto de vista de la persona con la que sienten empatía. De los tres tipos de empatía que he encontrado, creo que la empatía cognitiva es la forma más desapegada de empatía (por más desapegada que pueda ser una empatía), también es la forma más pasiva de empatía. Los empáticos que caen en esta categoría serían excelentes mediadores o diplomáticos, ya que son propensos a ver el punto de vista desde ambos lados de la valla.

Las personas que no entienden los empates cognitivos piensan que son seres lógicos sin emociones que se aferran a los hechos e ignoran todo lo demás, pero es todo lo contrario. Cuando estos tipos te dicen que entienden cómo te sientes, es mejor que les creas porque realmente lo hacen. Más allá de las emociones, una empatía cognitiva hace un esfuerzo genuino para realmente "llegar" al lugar de dónde vienes, tomando deliberadamente un trabajo mental en tus zapatos. Y cuando están en esos zapatos, se sumergen en la situación para que puedan sentir todo lo que tú estás sintiendo. Creo que su respuesta a la angustia emocional de la gente es menos reactiva y más pragmática. Y no pragmático en el sentido general de la palabra. Tu enfoque práctico hacia una solución se derivaría de su clara visión de la situación en la que te encuentras.

Por ejemplo, cuando un empático cognitivo ofrece una solución para una persona sin hogar va a ir más allá de una lata de sopa. Y esto se debe a que ven el problema como un todo y no sólo las molestias momentáneas que la persona está experimentando actualmente. Una típica empatía cognitiva se pondría a sí misma en todo el viaje de una persona sin hogar. Observarían el patrón migratorio de las personas sin hogar, las condiciones climáticas de las zonas en las que es más probable que pasen la noche, la molestia de desplazarse de un lugar a otro, pero sin el lujo de tener ropa variada que combine con las estaciones del año. Por lo tanto, encontrarás que están haciendo algo como comprar o incluso diseñar un traje flexible que se puede adaptar a las diferentes condiciones climáticas sin requerir mucho mantenimiento. No muchas personas tomarían esta decisión, pero después de leer sobre ellos, tenía sentido que la solución fuera tan práctica pero que naciera de un lugar de entendimiento.

Empatía emocional

Este tipo de empatía es bastante auto explicativa, pero para asegurarnos de que todos estamos en la misma página, voy a entrar en ella de todos modos. La empatía emocional es una forma instintiva de empatía donde el empático reacciona a las emociones de otras personas. Los perfiladores psicológicos se refieren a este tipo de empatía como la forma más primitiva de empatía. Si repasamos lo que discutimos en la sección que se centró en las teorías científicas detrás de la empatía, ese efecto espejo que se destacó en uno de los estudios es muy aplicable aquí.

Una empatía emocional puede reflejar la emoción que ven u oyen en otras personas. Pero su reacción emocional no siempre proviene de un lugar de comprensión lógica. Es sólo un reflejo. Sin embargo, el hecho de que no parezca ser un proceso pensado no significa que los empáticos emocionales no tengan ni idea de sus reacciones. En realidad, el cociente emocional de los empáticos emocionales es inusualmente alto. Ellos tendrían una conversación contigo y basarían su interpretación de ciertos lenguajes corporales y vibraciones (a falta de una palabra mejor) que emites, pueden escoger lo que estás sintiendo y reflejar ya sea la misma emoción o una emoción correspondiente que lo haría sentir mejor. El alcance general es que estos tipos son muy inteligentes emocionalmente.

Un concepto erróneo muy común que la gente tiene sobre los empáticos emocionales es que son muy emocionales y que probablemente llorarán o perderán el control de sus emociones al instante. La realidad es diferente. Su inteligencia emocional les permite también sentir sus propias emociones y luego ponerle un tope antes de que se les vaya de las manos. Pueden detectar con precisión las emociones, reflejarlas y a veces incluso desviarlas antes de que la persona que las experimenta se dé cuenta de lo que está sucediendo. Tienen el don innato de poder hacer que la gente de su alrededor se sienta mejor.

Empatía compasiva

Esta es la forma más activa de empatía. Combina aspectos tanto de la empatía cognitiva como de la empatía emocional en el sentido de que el empático compasivo es capaz de ver las cosas desde el punto de vista de la otra persona y luego reaccionar basándose en el entendimiento que ahora tiene. La empatía emocional es el tipo que todos conocemos y hemos estereotipado como la típica empatía, mientras que la empatía compasiva es en la que todos estamos tratando de convertirnos. Las cualidades del empático compasivo casi los ponen en ese nivel celestial porque suenan casi demasiado buenas para ser verdad, pero eso es lo que son esencialmente.

Un empático compasivo es el tipo de persona que sabría que la lista de canciones de su mejor amiga es una señal de que todo no está bien con su novio y más que simplemente reconocer que esto es lo que está sucediendo, lo llevaría un paso más allá al organizar el tipo de evento o actividad que sacaría a dicha amiga de su depresión y la llevaría a un nuevo ritmo. Todos queremos una empatía compasiva en nuestro rincón porque hacen la vida mucho más fácil de navegar.

Ahora mirando hacia atrás entre estos tres empáticos, verás que cada uno de ellos tiene sus ventajas y desventajas (algunos más que otros), pero todos tienen un propósito. La meta final de los empáticos es convertirse en empáticos compasivos porque parecen tener un equilibrio saludable de acción y reacciones. Una cosa que observé en general es que puedes trabajar para mejorar aspectos de ti mismo si sientes que te inclinas demasiado en una categoría. Por ejemplo, si encuentras que eres demasiado pragmático en tus relaciones con la gente, es posible que quieras entrenarte para ser más inteligente emocionalmente. No me malinterpretes. No creo que ser práctico esté mal. Pero a veces, pueden desconectarse un poco de la realidad presente porque están tan enfocados en el panorama general. Un poco de inteligencia emocional ayudaría mucho a arreglar esto. En cuanto a la empatía emocional, a veces, las personas que te rodean van a necesitar más que una muestra de sentimientos para superar las situaciones. Llegar a entender por lo que realmente están pasando en lugar de confiar sólo en sus instintos puede ayudarle a ser más "útil" en tiempos de crisis.

¿Qué hace a un empático?

Al final del primer segmento de este capítulo, había una gran lección que aprendimos acerca de lo que los empáticos no son... no son creados, aunque en algunos casos, nacen de la manera que son (muy confuso, lo sé, pero llegaremos a eso en un rato). Es cierto que hay algunos marcadores biológicos que desempeñarían un papel en la forma en que procesas ciertas cosas, sin embargo, en última instancia, no lo define. Uno de los factores biológicos atribuidos a ciertos comportamientos empáticos es la amígdala. Los científicos nos dicen que los empáticos tienen sus amígdalas un poco más grandes que las de su contraparte promedio, pero también se ha hablado de que las personas con amígdalas más grandes tienen profundos problemas de ansiedad. De acuerdo con esa investigación, ciertos eventos (relacionados con el miedo y la ansiedad) pueden desencadenar un crecimiento de nuevas células en esta área del cerebro, lo que a su vez aumenta el tamaño de esta parte del cerebro, lo que conduce a una mayor ansiedad. Viendo que los empáticos no están exactamente afligidos por la ansiedad, no se puede culpar a la biología por esto.

Algunas personas intentan rastrear sus habilidades empáticas a un evento particular, trauma o memoria en sus vidas a pesar del hecho de que son incapaces de recordar un tiempo en el que nunca fueron como son ahora. Hay que admitir que las habilidades son causadas o desencadenadas por algún tipo de tragedia implicaría que las habilidades estaban latentes y que, de alguna manera, fueron despertadas. No sólo suena poco realista, sino que también suena como algo que fue arrancado de la trama de una película de ciencia ficción de bajo presupuesto.... críptica, extraña y falsa. Si no pasa nada más, ocurre lo contrario. Un evento trágico puede desencadenar el cierre de tus habilidades empáticas. En los capítulos siguientes, discutiremos esto en detalle, pero créanme, la empatía no nace de la experiencia personal. Debo señalar aquí que hay ciertas experiencias que tendrías que te harían sentir empatía con cualquiera que pase por algo similar. Sin embargo, como estoy seguro de que hemos aprendido hasta ahora, la demostración de empatía no es lo que automáticamente te convierte en un empático. Hay más que eso.

Hasta que la investigación científica demuestre lo contrario, en lugar de buscar un elemento como la chispa que desencadena la naturaleza empática en movimiento, piensa en tu existencia como el resultado de muchos factores que se unen para crear un ser asombroso. Hay un componente biológico para iniciar las cosas, un poco de experiencias para abrirte a más emociones, un poco de condicionamiento social y una dosis saludable de fuerza de voluntad.

5 otros tipos de empatía que no conocías

Cuando entramos en este segmento sobre los diferentes tipos de empatía, dije que examinaríamos otros tipos de empatía. Si no pudiste identificarte con las otras formas de empatía, existe una gran posibilidad de que encuentre su lugar aquí. Tenga en cuenta que estos tipos de empatía no son muy comunes, pero tienen rasgos identificables muy singulares y los repasaré brevemente.

Empatía Geomántica: Las emociones de un empático geomántico están en sintonía con el entorno en el que se encuentran. Sus habilidades empáticas se alimentan de las energías de cualquier lugar en el que se encuentren. Una típica empatía geomántica te diría que ciertos lugares les hacen sentir un tipo específico de emoción. Por lo general, se sienten atraídos hacia lugares que tienen una rica historia o lugares que se consideran sagrados como templos, iglesias, etc.

Empatía con las plantas: Estos tipos tienen lo que todos llamamos un pulgar verde y esto se debe a que las plantas siempre parecen prosperar mejor bajo su cuidado. Pero eso tiene más que ver con su intuición natural para las necesidades de las plantas que con su conocimiento sobre la plantación en sí. Los empáticos de las plantas tienden a prosperar en trabajos o negocios que giran alrededor de la industria de las plantas.

Empatía Animal: Al igual que los empáticos de las plantas, los empáticos de los animales están en sintonía con las necesidades de los animales. De alguna manera pueden sentir lo que los animales necesitan. El término común para ellos es "susurradores de animales". Sin embargo, a diferencia de los empáticos de las plantas que se conectan con casi todos los tipos de plantas, es probable que los empáticos de los animales estén en sintonía con un animal específico. Por lo tanto, no está fuera de lo común encontrar empatía animal cuya empatía es hacia los gatos, los perros o incluso los pájaros.

Empatía intuitiva: También llamados empáticos claircognizanos, estos tipos pueden intuitivamente captar las emociones de otras personas sin que se les hable de ellas. No son fácilmente influenciados por las expresiones emocionales de la gente porque pueden sentir la verdadera naturaleza de las emociones de la persona escondidas debajo de la fachada que presentan sin importar lo bien construida que esté.

Empatía Física/Médica: Una empatía médica puede sentir casi inmediatamente cuando el cuerpo de una persona está fuera de servicio por razones de salud. Captan la energía que sale de la gente que encuentran y pueden leer esa energía de la misma manera que un meteorólogo leería el tiempo.

Capítulo Tres - La realidad de la empatía

Después de analizar la empatía desde un punto de vista tanto mítico como científico, es el momento de ser realistas con lo que se trata. Y por real, me refiero a llegar a los detalles básicos de la vida cotidiana de un empático. Más allá de la publicidad digital que ha sido amplificada por el retrato de los medios de comunicación de los empáticos, existe la realidad y no siempre es agradable. Esta realidad es la razón por la que probablemente tomaste este libro en primer lugar. El 'regalo' de ver el mundo a través de las lentes multicolores de las emociones tiene un precio. Y cuanto antes comprenda el precio que está pagando, más fácil será detener la espiral en la proverbial madriguera del conejo. Al leer más adelante, es posible que tenga que enfrentarse a algunas verdades sorprendentes. Puede que se ponga un poco incómodo, pero te prometo que al final mejorará. En vez de ver esto como un pronóstico de perdición, piensa en ello como tu fiesta privada de salida donde puedes verte reflejado en las páginas de este libro en toda tu brillante gloria.... defectos, fortalezas y todo.

El lado oscuro de ser empático

Sabemos que los empáticos son generalmente emocionalmente intuitivos en algún nivel, incluso si los que están en sintonía con ellos puede ser diferente. Sin embargo, esta experiencia los deja emocionalmente crudos y sensibles la mayor parte del tiempo. Pero la sensibilidad emocional no es lo único con lo que tienen que lidiar. Reflexionando sobre mi vida y la información que pude reunir durante mi investigación, hice una lista de algunas de las cosas con las que casi todos los empáticos tendrían problemas.

1. Los empáticos tienden a deprimirse: Para los empáticos, es una batalla constante para clasificar a través de la miríada de emociones que sienten. Primero, tienen que trabajar duro para mantener sus emociones bajo control. Como he establecido, la mayoría de los empáticos son emocionalmente inteligentes y como resultado, no los encontrarás perdiendo el control de sus emociones, pero lo que la mayoría de la gente no se da cuenta, es lo difícil que es hacer esto. Después de poner una tapa en sus emociones, lo siguiente que tienen que hacer es determinar si las emociones con las que están luchando son las suyas propias en primer lugar. Dada su capacidad para absorber las emociones de otras personas, es comprensible que esos sentimientos puedan eventualmente mezclarse con sus propias opiniones y emociones personales. Estas frecuentes batallas internas pueden llevar a la depresión.

2. Los empáticos están típicamente agotados emocionalmente: Lidiar con las emociones a la frecuencia e intensidad de los empáticos es muy agotador. Esto lleva a una fatiga emocional

3. Los empáticos se tratan a sí mismos como ciudadanos de segunda clase: No estoy seguro de que esto esté ligado a la depresión o al hecho de que siempre están al borde del agotamiento. Pero la mayoría de los empáticos operan sus vidas personales en reserva debido a todas las otras cosas con las que tienen que lidiar. Su necesidad impulsiva de ayudar a otras personas les dificulta priorizarse a sí mismos.

4. Los empáticos luchan con la culpa: Ayudar a la gente es un instinto primario para los empáticos. Cuando se enfrentan a un rompecabezas emocional, tienen una necesidad casi compulsiva de juntar las piezas y, en una situación en la que no lo hacen, lo toman como una pérdida personal. Sienten que le han fallado a la persona o personas involucradas y que esta culpa podría comerles durante mucho tiempo. A veces, se esfuerzan por compensar este "fracaso" haciendo todo lo posible por complacer y apaciguar a la persona "agraviada".

5. La empatía son esponjas emocionales: Absorber la energía de una habitación puede sonar frío hasta que te encuentres absorbiendo más energía negativa de la que una persona debería tener que soportar. Y mientras que los empáticos tienen la habilidad de cerrar el grifo emocional tan rápido como lo abren, su naturaleza llena de culpa los hace más inclinados a lidiar con las cosas negativas que la gente pone por más tiempo que el ser humano promedio. Hacer frente a las personas negativas es una cosa, pero asumir algunos aspectos de esa negatividad, que es un juego de pelota totalmente diferente y no uno divertido en eso. Esto nos lleva a la siguiente gran cuestión.

6. Los empáticos tienden a tener relaciones tóxicas: Cada uno de los rasgos que hemos visto hasta ahora nos lleva a este punto. Debido a la naturaleza generosa de la empatía, tienden a atraer al tipo de gente que deliberadamente se aprovecha de ello. E incluso cuando un empático se encuentra en una relación en la que se está aprovechando de él, sería difícil encontrarlos saliendo de esa situación de buena gana. Algunos de los que han salido exitosamente de esas relaciones terminan culpabilizándose a sí mismos y regresando a esas situaciones tóxicas.

Estos rasgos oscuros atribuidos a los empáticos no significan esencialmente que todos los empáticos tengan que ser así. En otras palabras, no tienes que vivir en la oscuridad. Sin embargo, hay ciertos patrones de comportamiento que tienen que ser tratados para poder lidiar con la oscuridad. Ser empático puede hacer que seas propenso a ciertas cosas como la depresión de la que hablamos, pero hay hábitos que tienes que podrían llevar tu vida al punto en que todo lo que haces se caracteriza por la depresión. En este próximo segmento, vamos a examinar algunos de esos hábitos.

5 malos hábitos que los empáticos deben dejar ir

1. Decir que sí a todo: Los empáticos son placeres naturales de la gente. Esto los hace más proclives a decir que sí, incluso cuando ese sí no les beneficia de ninguna manera. En el lugar de trabajo, esto puede dejar a los empáticos atascados en una rutina profesional, ya que se encuentran pasando más horas completando el proyecto de otras personas en lugar de concentrarse en el crecimiento de sus carreras.

2. La necesidad de arreglarlo todo: La frase, "si no está roto, no lo arregles" tiende a volar sobre la cabeza de un empático. Un pájaro con las alas rotas necesita que se le devuelva la salud, un niño con un historial triste necesita un poco de luz para dejar atrás ese pasado oscuro, pero una persona adulta con problemas profundos de control de la ira necesita tomar la decisión de ser mejor y ninguna cantidad de amor o cuidado puede llevarlos a ese lugar sin su propio consentimiento. Los empáticos necesitan saber cuándo dejar las cosas como están.

3. No hablan por sí mismos: Los empáticos no son fáciles de convencer. Al menos no en el sentido básico de la palabra. Sin embargo, les gusta dejar el suelo abierto a otras personas para que expresen sus puntos de vista y sentimientos, mientras que sus propios sentimientos quedan relegados a un segundo plano. Esto nace de la buena voluntad, ya que sienten que la otra persona que se desahoga les ayudaría a liberar lo que están sintiendo, pero se convierte en una carga si tú, como empático, con frecuencia tienes que abstenerte de decir lo que realmente sientes. Esto lleva a un montón de emociones reprimidas que sabemos que es una bomba de tiempo mental.

4. Eligiendo pasar más tiempo en su cabeza: Está bien dar un paso atrás cada dos días y tomarse unos minutos para estar consigo mismo. Pero cuando se convierte en un hábito regular, puede ser perjudicial. En realidad, tiene sentido que quieras evitar lidiar con todas esas emociones que vienen como parte del paquete cuando tienes que lidiar con la gente. Sin embargo, si deja ir la mayoría de los hábitos listados aquí, encontrará que es mucho más fácil tratar con la gente.

5. Tomando las cosas de forma demasiado personal: Cuando eres sensible y eres una esponja emocional, todo lo que sucede a tu alrededor puede empezar a sentirse como si se tratara de ti. Ciertos comentarios o acciones inofensivas pueden ser interpretadas como una venganza dirigida contra ti. Yo diría que tiene mucho que ver con la necesidad de armar rompecabezas emocionales, por lo tanto, todo parecería estar conectado a algo que luego se traduce en significado personal. Pero la verdad es que las cosas suceden simplemente porque suceden.

Los 5 Problemas Comunes de Salud de los Empáticos

En su mayor parte, debido a la naturaleza altamente emocional de una persona empática, sus luchas por la salud son más psicológicas y mentales que físicas. Por lo tanto, muchas de las cosas que se ven en este segmento tienen más que ver con las enfermedades mentales que con cualquier otra cosa. Sin embargo, el estilo de vida de los empáticos podría influir en los problemas de salud a los que se enfrentan más que su naturaleza de empáticos. Sin embargo, no podemos ignorar el papel que desempeña su naturaleza en el proceso.

1. Ansiedad: La mayoría de los empáticos luchan contra la ansiedad. El nivel de ansiedad que sufren varía de leve a severo y los empáticos emocionales tienden a tener los casos más severos de

ansiedad en comparación con otros. Los empáticos físicos son otro grupo de empáticos cuyos niveles de ansiedad se disparan por las nubes, especialmente si tienen que lidiar con multitudes, pero a menudo se dirige a otro territorio de salud mental como los trastornos de pánico y llegaremos a eso en un momento. Su capacidad para superar o al menos controlar su ansiedad depende en gran medida de su autoconciencia sobre quiénes son.

2. Depresión: Dada su propensión a hacer malabarismos con las emociones al mismo tiempo, no es sorprendente que también tengan que lidiar con problemas de depresión de vez en cuando. Cuando no se dan cuenta de las emociones de los demás, tienen que lidiar con la culpa, el aislamiento y su propio drama personal. Es casi como si no pudieran tomar un descanso. Además de ser conscientes de sí mismos, los empáticos necesitan hablar con otros empáticos o terapeutas para ayudarles a ordenar sus emociones.

3. Presión arterial alta: La presión arterial alta está estrechamente relacionada con el estilo de vida y la dieta. Sin embargo, se sabe que el estrés y la ansiedad (a los que sabemos que los empáticos son propensos) han causado picos temporales en la presión arterial. El efecto de la ansiedad sobre la presión arterial no dura mucho tiempo, pero si ocurre regularmente, estos picos de presión arterial pueden causar daño a los órganos principales del cuerpo. Los empáticos deben aprender técnicas de relajación que les ayuden a bajar su presión arterial cuando tengan un ataque de ansiedad. Además, deben tener cuidado con el tipo de hábitos que adquieren para lidiar con la ansiedad. Hábitos como fumar pueden complicar su salud.

4. Trastornos de pánico: Esto suele ocurrir cuando los niveles de estrés y ansiedad que experimenta una persona son realmente altos. Esto es causado por situaciones estresantes y para los

empáticos, esto significa típicamente cuando están rodeados por un montón de gente con todas estas emociones golpeándolos desde diferentes direcciones. Los trastornos de pánico no son necesariamente potencialmente mortales, pero la experiencia es horrible. Buscar la ayuda de un profesional médico es muy útil en el tratamiento y manejo de los trastornos de pánico.

5, Agorafobia: Todas las personas tienen alguna forma de fobia, pero hay fobias que son peculiares de las personas con ciertos rasgos. La agorafobia es una forma de ansiedad que hace que una persona tenga miedo de estar en espacios llenos de gente o en lugares donde tiene la sensación de que no puede escapar. La agorafobia se trata mejor en sus primeras etapas. Cuanto más se deja desatendido, más poderoso se vuelve. No es una amenaza para la vida en el sentido físico, pero puede robarle la posibilidad de vivir una vida plena. La experiencia es mucho peor para un empático.

Como ha leído, los problemas de salud de un empático están un tanto interrelacionados. Una vez más, su estilo de vida juega un papel importante en su estado de salud. Pero tener una muy buena comprensión de tu personalidad como empático y ser muy consciente de cómo funcionan realmente las cosas para ti, te ayudaría mucho a establecer una buena base para una vida saludable. Como ha visto, la prevención es mucho mejor que el tratamiento para la mayoría de las dolencias aquí. La suposición general es que son las situaciones específicas las que desencadenan estas dolencias y aunque esto es cierto, no es el único desencadenante. Hay personas que son clasificadas como "tóxicas" especialmente para un empático. Estas personas no son necesariamente malas, pero su comportamiento, manierismos y rasgos de personalidad hacen la vida de un empático más complicada de lo que debería ser. Así que, de acuerdo con el tema de la prevención, veamos algunas personalidades que definitivamente debe evitar como empatía.

Las personalidades que los empáticos no pueden estar cerca.

Narcisistas:

Este tipo de personalidad es tan ensimismado que no podrían ver el daño que su negligencia y egoísmo está causando en sus vidas. Sus acciones pueden no ser por malicia, pero la empatía sensible no debería tener que lidiar con esto a diario. Se vuelve aún peor cuando la persona es un narcisista abusivo.

Manipuladores:

Este es otro tipo de personalidades egoístas que están dispuestas a ir más allá para hacer que la gente a su alrededor haga las cosas que quieren hacer, incluso si esas cosas no benefician a nadie más que a sí mismas. Los manipuladores jugarían con la culpa que sienten los empáticos para conseguir que cumplan sus órdenes. Esto crea un ciclo muy tóxico para el empático.

Abusadores:

Nadie debería estar cerca de los abusadores, pero esto es especialmente cierto en el caso de los empáticos. La mayoría de los abusadores combinan los rasgos de un narcisista y un manipulador además de inseguridades personales y la necesidad constante de control. Un empático es en realidad la única persona que puede conectarse lo suficientemente bien con un abusador como para ver las cosas desde su perspectiva y de una manera triste, entender de dónde vienen lo suficientemente bien como para atreverse, lo digo yo, a justificar el abuso que están sufriendo. Nadie debería tener que pasar por eso.

Capítulo Cuatro - La empatía lesionada

En el primer capítulo, compartí algunos de los mayores conceptos erróneos que la gente tiene sobre los empáticos. Una de ellas fue la idea de que los empáticos son personas rotas; que para que puedan conectarse con los sentimientos y experiencias que mucha gente tiene, deben haber caminado por el mismo camino. A estas alturas, ya sabes que este no es el caso. Un empático no necesita tener una experiencia de primera mano para entender verdaderamente lo que sientes. Sin embargo, a través de sus habilidades, pueden conseguir asientos de primera fila para su dolor y saber exactamente cómo se siente. Dicho esto, no significa que no haya empatía rota. Estar roto es parte de la experiencia humana y mientras seas humano, estás destinado a tener una fase en la que estás roto. La pérdida de algo de valor ya sea un objeto, una persona o incluso ideas que tenemos puede causar un dolor tan intenso que te sientes aplastado por el peso de este. Este es el punto en el que una persona se rompe.

No hay absolutamente nada malo en estar roto. El problema surge cuando dejas que esa experiencia caracterice todo lo que haces en el futuro. Tienes que entender que es parte de la naturaleza humana caer, pero también levantarnos. Ahora bien, el aumento no significa necesariamente que todo vuelva al estatus quo. Cuando te caes y te lastimas, te duele. Fisiológicamente, unas pocas células mueren en el área donde ocurrió la lesión. Pero a medida que el cuerpo comienza el proceso de curación, nacen unas cuantas células nuevas. A medida que la curación progresa, el dolor comienza a disminuir hasta que todo lo que queda para recordarle la lesión es la cicatriz. De la misma manera, cuando la vida nos derriba, nos lastiman y nos rompen. Pero si lo dejas, la rotura se cura cuando empieza a elevarse. Sin embargo, nos quedan las cicatrices de esas experiencias. Si los recuerdos de esas experiencias no se enfocan y las emociones que se despertaron en ese momento no se abordan, las cicatrices emocionales que se desarrollarán pueden afectar la calidad de vida, así como las oportunidades que tiene más adelante.

Una persona herida es aquella que lleva las cicatrices emocionales de su pasado a donde quiera que vaya. Para un empático herido, la experiencia es aún peor, están aliviando estas emociones a niveles de intensidad que son tan altos que el pasado parecería como si hubiera ocurrido ayer. Cada momento les trae una visita del pasado y los enjaula en el presente para que sean ajenos a las alegrías que se están produciendo y no puedan avanzar hacia el futuro que se merecen. Los empáticos heridos son curiosamente como la Mimosa Púdica también conocida como la planta "touch me not plant". En el momento en que los tocas, sus hojas se cierran. Por cierto, otro apodo para el tacto no planta es `la planta sensible'. Su reacción al tacto es la misma manera en que un empático herido reaccionaría a la vida. Sus cicatrices emocionales son tan profundas y el efecto es tan intenso que cada vez que la vida los escoge para una nueva experiencia, ya sea buena o mala, rápidamente regresan al refugio "seguro" que han creado para sí mismos. La parte triste es que este así llamado refugio seguro es todo menos seguro. Es como una habitación con un reactor nuclear que respira en ella y que extrae su energía de la oscuridad que la rodea.

Otro hecho triste es que, al igual que la persona promedio, la mayoría de los empáticos ni siquiera se dan cuenta de lo que les está sucediendo hasta que son consumidos por su pasado (una explosión nuclear emocional) o hasta que algo interrumpe el ciclo de comportamiento que condujo a ese camino destructivo, para empezar. No ayuda que los mecanismos de afrontamiento para la mayoría de los empáticos sean comportamientos autodestructivos, para empezar. Para empezar, está ese comportamiento solitario. No hay nada malo en ser un recluso, pero llevas las cosas al extremo cuando la paranoia se instala y empiezas a esconderte incluso de tu propia sombra. La única manera de avanzar es permitir que nuestras mentes se curen y se recuperen de las lesiones emocionales sufridas. Cuando una herida física está siendo tratada, lo primero que cualquier médico haría es intentar tratar los síntomas que amenazan la vida de la herida. Para las lesiones emocionales, yo diría que el equivalente de eso está saliendo de tu caparazón. Incluso si va a quedarse dentro de su casa encerrado, lo menos que puede hacer es tomar el teléfono y llamar a alguien y luego simplemente hablar. No tiene que ser sobre lo que estás pasando. El hecho de que esté teniendo una conversación solo va a ser como salir a tomar un poco de aire fresco después en un espacio sin oxígeno.

El siguiente paso es ir a la fuente de la herida que en el caso de un empático no siempre es el incidente que piensa que desencadenó el dolor en primer lugar. Por lo general es algo llamado fatiga por compasión. Y de eso es de lo que va a tratar el resto de este capítulo.

¿Qué es la fatiga por compasión?

En términos muy simples, la fatiga por compasión ocurre cuando una persona se desensibiliza emocionalmente a las necesidades, dolores y sufrimientos de otras personas. La fatiga por compasión también se conoce como estrés traumático secundario y se ha asociado con personas que han estado constantemente expuestas a historias y experiencias de tragedias durante tanto tiempo que parecería como si sus terminaciones nerviosas se hubieran roto y dejado de funcionar. Ahora, puedes inclinarte a pensar que esto significa que la persona que experimenta la fatiga de la compasión (en este caso un empático) se movería desde su extremo de la escala y punta hacia la sección donde tienes a los psicópatas. Esto no es así. Las personas que sufren de fatiga por compasión no mueren de repente por sus emociones. Lo que sucede es que internalizan estas emociones que sienten y son incapaces o desmotivados para actuar sobre ellas.

Permítanme darles un breve resumen de mi teoría sobre el tema. Cuando te enfrentas a una situación en la que una persona que conoces de algún modo está pasando por una experiencia muy trágica, estás instintivamente inclinado a querer ayudar. Encuentras una manera de proporcionar una solución para esa persona. Incluso si no puedes evitar completamente la tragedia, quieres hacer todo lo que puedas para mejorar la situación. Cuando lo consigues, hay una sección de recompensa en tu cerebro que se activa. Te sientes muy bien con esta buena acción que has hecho. En ese momento, el sol brilla un poco más, el mundo parece tener un poco más de color y la vida, en general, es muy fantástica. Esto quizás explica que la gente haya estado tratando de convencernos de que hacer el bien hace algo con su propio tipo especial de recompensa. Todo esto está muy bien. Después de vivir esta maravillosa experiencia que esencialmente es una retroalimentación psicológica de tu buena acción, estás inclinado a repetir este proceso de nuevo. No importa si las circunstancias son iguales o diferentes, quiere ayudar a esta nueva persona. Para los empáticos, esta experiencia puede ser muy adictiva. Quieren seguir haciendo estas buenas obras y seguir reviviendo las secuelas psicológicas. Es como un subidón, excepto que no hay ningún medicamento que pueda igualar el efecto. Pero ¿cuándo ocurre cuando la buena acción que has realizado no puede marcar la diferencia?

Aquí es donde la historia toma un giro un poco más oscuro. Tomemos este mismo escenario que hemos mencionado antes, pero con un resultado no tan positivo. Se enfrenta a una situación en la que alguien que conoce en algún nivel está pasando por algún tipo de experiencia trágica. Como buen amigo, colega o cualquiera que sea su relación con esa persona, intervienes para ayudar porque eso es lo que hace. Ahora ofrece esta ayuda con la esperanza de que la tragedia pueda ser evitada o, al menos, que la circunstancia pueda ser mejorada, pero en cambio, no pasa nada. O peor aún, las cosas se vuelven aún más trágicas de lo que tú las conociste. Ahora estás obligado a ver a esta persona vivir el dolor y el trauma de su experiencia hasta que termine su vida o su relación con ellos. Como empático, obtendría alguna retroalimentación de su dolor y esto se registra en su psique. Esto no te impide tratar de ayudar a la gente, pero hay una parte de ti que lucha con lo siguiente;

1. Su incapacidad para ayudar a esta persona
2. Su experiencia de segunda mano del dolo de la otra personar
3. Su ansiedad al perder a otro amigo o relación de la misma manera

Las cosas se complican un poco más para los empáticos que trabajan en profesiones específicas donde se enfrentan constantemente a la tragedia. Para los empáticos que tienen que lidiar con esto ocasionalmente con su círculo de amigos, la progresión de la fatiga de la compasión es más lenta. Pero para las personas cuyas ocupaciones son en el sector de la salud, como enfermeras, cuidadores, psicólogos, etc., existe un alto riesgo de desarrollar fatiga por compasión en un período de tiempo más corto. Personas que trabajan como abogados y que también son susceptibles a ello. Los empáticos en estos campos a veces terminan siendo incapaces de diferenciar su vida laboral de su vida personal, el afecto emocional quema su capacidad de conectarse emocionalmente con otras personas también.

Teniendo todo esto en mente, te acercas cautelosamente a otras relaciones. Ahora, todos sabemos que, en algún momento, la vida sucede. Esta otra relación puede no tener los mismos elementos trágicos que la anterior, pero incluso la más mínima insinuación de tragedia puede hacer que tus instintos entren en acción. Obviamente, te apresuras a ayudar. Esta vez, estás tan ansioso por los resultados de sus esfuerzos como por el bienestar de la persona, que incluso si su esfuerzo es recompensado por una aversión a la tragedia, su única recompensa psicológica sería el alivio que todo funciona. La prisa no es la misma, este éxito parece poner de relieve su fracaso. Y esto te lleva a un ciclo en el que sigues intentando compensar el proverbio que se te escapó. Si su esfuerzo por ayudar falla como la primera vez, es arrojado más profundamente en ese ciclo y la ansiedad toma raíces más profundas en su psique. Cuantas más correcciones y salvedades hagas, más querrás hacer, pero esto ya no se inspira en el subidón del que hablamos al principio. Ahora se trata de equilibrar las escalas. El estrés y la ansiedad que viene con cada caso que enfrenta lo empuja más cerca de la línea donde ya no se trata de ayudar a la gente sino simplemente de pasar el día. En este punto, está teniendo estrés traumático secundario.

Señales de empatía lesionada

El punto en el que un empático experimenta fatiga por compasión es donde se enraíza la lesión emocional que discutimos anteriormente. Como dije, no está aislado de un evento o una experiencia singular, por lo que no se puede hacer un viaje mental a este lugar específico, chasquear los dedos y encontrar un cierre. Es un poco más complicado que eso. Afortunadamente, puede determinar si ha llegado a este punto, aunque no sepa lo que lo trajo hasta aquí. Si recuerdan, pinté un cuadro de un refugio seguro comparado con una habitación que alberga un reactor nuclear activo y cuán tóxico puede ser ese ambiente para ti. En esta sección, vamos a destacar todos estos factores que hacen que estar en el estado en el que se es peligroso y luego hablaremos de cómo cruzar esos obstáculos.

1. Una aguda sensación de desesperanza que resulta en desapego

Si te encuentras incapaz de convocar un sentimiento genuino de optimismo por las cosas que haces, es posible que te hayas suscrito a ese sentimiento de desesperanza. Cuando tienes una situación que requiere tu ayuda y la haces no porque estés seguro o en lo más mínimo esperando que haga una diferencia, sino porque estás obligado a hacerlo, podrías estar teniendo fatiga por compasión. En este caso, la necesidad de desempeñar su papel tiene prioridad sobre las necesidades de la persona. Todo lo relacionado con el cuidado de esta persona se convierte en una actividad de rutina para ti. La mayor pista en este sentido sería el hecho de que no se puede mirar más allá de hoy porque se siente que hay una posibilidad muy fuerte de que no haya un mañana.

2. Apatía hacia las personas que cuida

Esta es una forma de desapego, pero no necesariamente una ausencia de cuidado porque como empático en algún nivel, siempre te importa. Pero las experiencias que han tenido los han preparado hasta el punto de que se han vuelto indiferentes a toda la experiencia. Eres más natural en la forma en que te preocupas y ayudas. Como tú indiferencia no viene de un lugar de malicia o mala voluntad, siempre aparecerás. Sin embargo, tu indiferencia ha sido construida como un muro para protegerte de la tragedia que ya estás esperando, de modo que cuando suceda, no te veas tan visiblemente afectado por ella. Si te estás sintiendo así, debes saber que probablemente estás experimentando fatiga por compasión.

3. Niveles de estrés elevados

Ante la tragedia, experimentamos muchas cosas emocionalmente. Estas emociones causan estrés. Ahora existe el nivel de estrés normal de la persona promedio y luego tiene niveles de estrés anormales. La fatiga por compasión desencadena un alto nivel de estrés incluso en situaciones que tienen muy pocas similitudes con los eventos que puede llamar el punto cero de su trauma emocional. Además de todos los otros síntomas mencionados aquí, si descubre que está reaccionando de manera adversa al estrés, como falta de aliento, incapacidad para concentrarse, ansiedad severa y ataques de pánico, está teniendo fatiga por compasión.

4. Pesadillas e interrupción de las rutinas de sueño

Las pesadillas y un cambio en la rutina de sueño son típicamente un signo de una lucha interna con algún tipo de trauma emocional no resuelto. Al lidiar con el dolor de otras personas desencadena pesadillas e insomnio, es posible que esté teniendo un agotamiento emocional. Su mente es incapaz de lidiar con la situación y aún peor, es incapaz de lidiar con el hecho de que no puede lidiar con la situación.... una pesadilla clásica para los empáticos.

5. Luchando con sentimientos de Autocontrol

Los empáticos ya tienen algo con los viajes de culpabilidad. Cuando llegan al punto de fatiga por compasión, esta culpa se convierte en auto desprecio al sentir una sensación de desilusión por sus insuficiencias. Esto se debe a que los empáticos miden su sentido de autoestima con su capacidad para proporcionar ayuda y "arreglar" las cosas. Si no lo hace, la duda de sí mismo se convierte en culpa y se convierte en desprecio.

Si observas todos los síntomas enumerados, verás la progresión de la lucha interna provocada por la fatiga de la compasión. Una experiencia externa se convierte en una lucha interna que se convierte en todo sobre ellos, lo que puede ser bastante egoísta y una fuerte contradicción con su naturaleza normalmente desinteresada. La lucha interna es lo que los mantiene en esa "habitación" de la que hablamos antes. Les resulta difícil salir de este espacio mental que han creado porque se han adornado con la figura de una víctima. De alguna manera, esta cosa que era totalmente sobre ellos ahora los ha convertido en la víctima. En el siguiente capítulo, discutiremos esto en detalle.

Ten cuidado: El Complejo de la Víctima

La autocompasión es una experiencia normal para todos. Tenemos momentos en los que caemos en ese agujero de "la pena es mía", pero mientras no te aferres a ese sombrero durante más tiempo del necesario, vas a estar bien. El complejo de víctima, por otro lado, es elegir acostarse en una cama de miseria, cubriéndose con sus fracasos o con la lista de todo lo que ha ido mal y simplemente yaciendo en ella. Para un empático, tener un caso de fatiga compasiva puede crear una transición a una experiencia compleja de víctima en toda regla. La experiencia general del complejo de la víctima vería a la persona que lo experimenta aplazando toda la responsabilidad a todos y a todo menos a sí misma. Pero en el caso de los empáticos, ellos asumen toda la culpa de todo y luego de alguna manera hacen toda la experiencia sobre ellos. Sé que esto parece un poco confuso, pero déjame explicarlo de todos modos.

Un complejo de víctima empática no se trata de convertirse en la estrella del espectáculo renunciando a cualquier culpa o responsabilidad que se les haya asignado. No usan la corona de sed-is-me para hacer que otras personas sientan lástima por ellos. Si acaso, odiasen ser esa persona porque hay una posibilidad muy fuerte de que traten con esa gente de manera regular. El complejo de víctima para los empáticos llega cuando internalizan sus fracasos, almacenan el dolor que han absorbido en el exterior y luego lo idolatran en el interior. La mayoría de los empáticos heridos tienen un complejo de víctima. No tienen la resiliencia necesaria para hacer frente a sus fracasos personales. Ahora déjame digerir un poco aquí. Un fracaso personal para un empático va más allá de su incapacidad para completar con éxito un proyecto. Ese tipo de fracaso es uno con el que pueden lidiar. Pero cuando son incapaces de arreglar los proyectos de su gente, ese tipo de fracaso se filtra profundamente en sus mentes y lo toman como algo personal. Pueden estar tan obsesionados con ella que trabajan el doble de duro para "redimirse" con los proyectos de otras personas.

Además del mayor riesgo de fracaso asociado a la contratación de un proyecto con más personas, existe el problema de no abordar el fracaso inicial. Como resultado, cualquier proyecto de personas que se emprenda sólo se hará eco del fracaso y cuanto más tiempo se ocupen de ello, más intensa será la situación. La intensidad de las emociones experimentadas llevaría a un agotamiento emocional que ahora hemos identificado como fatiga de compasión que nos lleva a donde estamos ahora. Un complejo de víctima suena como algo inofensivo, pero aquí está la parte que estoy bastante seguro de que no sabías. El complejo de víctima es el elemento que mantiene las ruedas girando en este ciclo autodestructivo. Son los barrotes que te mantienen encerrado en esa habitación "segura" los que te impiden vivir tu vida. Leí de un antiguo grupo religioso donde los creyentes o practicantes eran físicamente castigados cada vez que se equivocaban. Estos castigos eran tan terribles que tendrían dolor físico durante meses y meses. Las cicatrices que llevaban en sus cuerpos contaban historias de horror y trauma tan horrendas que se podría pensar que sirvieron en campos de esclavos o en algún tipo de cámara de tortura. La realidad es que todas estas lesiones fueron auto infligidas.

La necesidad de hacerse pagar por los fracasos percibidos al encerrarse en este refugio "seguro" es el equivalente emocional de las lesiones auto infligidas a esos creyentes. Tómese su libertad hoy mismo aprendiendo a priorizar su autocuidado tanto como valora el cuidado de otras personas. Lo más importante es que debes dejar de ver a las personas como proyectos que tienes que arreglar. He mencionado esto antes y después en el libro, lo discutiremos en profundidad. Pero si haces algo hoy, que sea que reconozcas tu importancia y que te trates a ti mismo como tal. Dicho esto, me gustaría que nos fijáramos en otro comportamiento autodestructivo que podría arruinar la vida de un empático

La verdad sobre la empatía y la adicción

La confusión emocional, así como la naturaleza intrínseca de la empatía, los convierten en un candidato perfecto para la adicción. Su necesidad de salir de sus propias cabezas cada dos días significa que están abiertos a probar mecanismos de afrontamiento que les ofrezcan esto. El hecho de que esta confusión emocional sea una lucha continua significa que es más probable que sigan volviendo para continuar usando este mecanismo de afrontamiento, especialmente si proporciona con éxito la solución temporal que necesitan. Cuando intentas algo por tanto tiempo, se convierte en una rutina. Con el tiempo, una rutina se convierte en un hábito y con los hábitos, especialmente los malos hábitos, te vuelves adicto. Un mecanismo de afrontamiento puede ser cualquier cosa, desde el uso de drogas hasta la comida reconfortante o ver porno. Y la cosa con estas cosas que he mencionado es que nunca lo ves como un problema hasta que es demasiado tarde.

En mi experiencia, la comida era mi vicio. Empezó inocentemente. Volvía a casa del trabajo, cansada y exhausta. Sin embargo, no importaba lo exhausta que estuviera, el sueño era algo que se me escapaba. Así que, me levantaba de la cama, me preparaba algo dulce en la cocina y luego me arrodillaba en el sofá y veía esos terribles programas de televisión. En esos momentos, estaba completamente tranquila, muy relajada y ciertamente sin pensar en el horrible día que tuve en el trabajo. Después de un tiempo, decidí mejorar mi comida en el sofá para que fuera algo más "lujoso". Pasaba por la pastelería de camino a casa y tomaba una variedad de dulces y luego repetía mi rutina frente al televisor. Unos meses más tarde, el sofá no se sentía lo suficientemente cómodo, así que conseguí una pantalla más grande y luego llevé el espectáculo a mi dormitorio. Durante la mayor parte del año, pasé las noches comiendo comida chatarra en la cama mientras veía la televisión chatarra. Como puedes imaginar, se me empezó a ver en la cintura. Mis ropas viejas dejaron de encajar conmigo y entonces empecé a sentirme más cohibido sobre cómo me veía.

Tenía amigos que eran demasiado educados para señalar los cambios físicos, pero podía ver la forma en que me miraban. Luego tuve "amigos" que no tuvieron problemas para decirme exactamente cómo se sentían. Sus palabras me hicieron sentir aún más horrible conmigo misma y cuando me sentí realmente mal, eso significó que pasé mucho más tiempo en la pastelería. Mi punto más bajo, que también resultó ser mi punto de inflexión, fue este día en particular cuando estaba comiendo este delicioso donut de camino a casa (había llegado al punto en que ya no podía esperar a llegar a casa). La dona se me resbaló de la mano y cayó al suelo. Probablemente eran alrededor de las 7 de la tarde y no había mucha gente en la calle. Lo sé porque miré a mi alrededor y luego hice lo impensable. Me agaché y recogí mi donut caído de la acera. Me lo soplé y me lo comí con la rodilla doblada en el suelo. En ese momento, vi mi reflejo en uno de los escaparates y no me gustó la persona que me estaba mirando. Para resumir, lloré mucho cuando llegué a casa y ese fue el comienzo de mi viaje hasta este punto en el que estoy escribiendo mi historia en un libro. Hoy en día, todavía tengo una adicción, pero he hecho un esfuerzo consciente para asegurar que mi adicción sea saludable. Tengo un hábito para diferentes estados de ánimo. Cuando estoy enfadado, pinto. Cuando me siento un poco triste, me subo a la cinta o me pongo los guantes de boxeo y me pongo un buen sudor. Cuando estoy ansioso, escribo.

Vas a tener que averiguar qué es lo que funciona para ti, pero debe comenzar admitiendo que este hábito aparentemente inofensivo que ha adquirido puede no ser del todo saludable para ti. La gente piensa que la droga es la única adicción dañina, he leído acerca de los empáticos que son adictos a la miseria a la que se enfrentan y que voluntariamente se auto-sabotean cualquier oportunidad que tengan de ser felices. Es triste dar testimonio, pero esta es la realidad. Cuando está experimentando esas inundaciones de emociones, ¿cuáles son las cosas que haces para enfrentarlas? ¿Esas cosas te agregan valor a medida que te hacen sentir mejor o te quitan algo valioso a cambio de hacerte sentir mejor? La adicción para los empáticos es un problema serio y necesita ser tomado en serio o de lo contrario terminaría complicando las cosas para ti. Hoy en día, la meta es sacarte de esa sensación de falsa seguridad que has creado para ti mismo. Este libro es una guía sobre cómo puedes sobrevivir en el mundo como empático. Para que eso suceda, necesitas salir de su enclave y entrar en el mundo real porque no sólo lo sobrevivirá, sino que prosperará en él.

Capítulo Cinco - Los Peligros de Ser Empático

En el capítulo anterior, exploramos algunos de los peligros de ser empático. En este capítulo vamos a ahondar en el lado oscuro de las cosas. Hasta este punto, los empáticos han sido considerados como seres en posesión de poder sobrenatural. Eso es genial y honestamente desearía que fuera así el 100% de las veces, pero hay un precio que empatiza y que va más allá de las luchas emocionales que tenemos. Debido a la intrincada naturaleza de la empatía, tienden a atraer a cierto tipo de gente. Hemos hablado de la necesidad de que el empático arregle a la gente. Siempre que se encuentran con personas con luchas emocionales y algún dolor psicológico, el primer instinto es querer ayudar, pero olvidamos que no todas las personas que vienen a nosotros quieren ser ayudadas. Algunas personas están programadas o para ser más específicos, están programadas emocionalmente para aprovechar la ayuda que deseamos ofrecer y aquí es donde comienza el problema.

El deseo de querer ayudar atrae a un tipo específico de personas y, en la mayoría de los casos, estas personas caen en la categoría de aquellas con una necesidad psicológica de aprovecharse de otras. A veces estas relaciones comienzan con buenas intenciones. Pero con el tiempo, su naturaleza depredadora rápidamente toma el control y terminan destruyendo la empatía desde dentro. Este es el peligro al que se enfrentan todos los empáticos. En el capítulo anterior, hablé de ciertos tipos de personas que los empáticos deben evitar y una de esas personas es el narcisista. El narcisista es una raza especial de individuos y sus cualidades van más allá de su amor por sí mismos. Son reconocidos por sus habilidades para manipular magistralmente a la gente para que cumpla sus órdenes y la naturaleza de la empatía los hace más propensos a las manipulaciones de un narcisista.

Identificar a un narcisista

De la literatura antigua, se nos hace creer que un narcisista es alguien que es vanidoso; una persona que está obsesionada con su aspecto físico y con la forma en que se presenta al mundo. En psicología, es mucho más profundo que eso, ya que los narcisistas toman una forma diferente. Una de sus cualidades poco atractivas es el hecho de que tienen un gran sentido de la autoimportancia, pero para alguien que no es muy observador, este atributo no es algo que se pueda percibir de inmediato. Su mentalidad de víctima proporciona una gran máscara para su verdadera personalidad, pero, lo que es más importante, tienen una forma de integrarse perfectamente con el resto de la sociedad, lo que dificulta en cierta medida su identificación. Algunos narcisistas son simplemente inofensivos en sus relaciones. Los narcisistas que caen en esta categoría son personas que son conscientes de sí mismas y que han trabajado en su lado negativo. Pero luego están los narcisistas en el otro espectro que son terribles como compañeros porque su sentido de autoimportancia es tan grande que están dispuestos a comprometer los sentimientos y emociones de otras personas sólo para satisfacer sus propias necesidades. Los narcisistas son egoístas, engreídos y santurrones, pero irónicamente, son la lista de personas conscientes de sí mismas.

Basado en la descripción que he dado, estoy seguro de que puedes entender por qué los narcisistas son personas que pueden ser muy difíciles de tratar, incluso para alguien que no es un empático. Sin embargo, si eres capaz de entenderlos, tienes un mejor sentido de cómo relacionarte con ellos, especialmente si eres un empático.

Según la psicología, hay diferentes tipos de narcisistas. Tienes al grandioso narcisista. Estos tipos son básicamente personas que tienen un gran ego. Para tratar con ellos, necesitas ofrecer mucha atención en forma de elogios. Esto alimenta su ego y los hace mucho más manejables en las relaciones. Luego están los narcisistas vulnerables. Puedes identificarlos por la mentalidad de víctima que parecen llevar como una placa. Todo lo que sucede en la vida parece girar en torno a ellos. Podría estar lloviendo en algún lugar de China y causar inundaciones en algunas aldeas, pero el narcisista vulnerable que vive a unos pocos continentes de distancia encontraría la manera de conseguirlo. Tienen una tendencia muy alta a quejarse de cualquier cosa y de todo. Para manejar una relación con ellos, se les debe prestar atención en forma de apoyo emocional. Y finalmente, están los narcisistas malignos. Estos tipos son los que hay que vigilar. Los otros dos tipos de narcisistas mencionados anteriormente pueden ser emocionalmente agotadores, pero en cuanto a los daños, siempre y cuando se les pueda dar lo que quieren en términos de sus necesidades emocionales, están bien. Los narcisistas malignos, por otro lado, muestran una falta de empatía a un nivel tan alto que los psicólogos los comparan con los psicópatas.

Para identificar al narcisista maligno en tu vida necesitarías estar muy atento. Como dije antes, un narcisista tiene una forma de mezclarse con todo el mundo. Por lo tanto, no hay factores que los diferencien de los demás. De hecho, los psicólogos creen que los narcisistas suelen ser más felices que la mayoría de las personas a las que se les ha diagnosticado algún tipo de trastorno psicológico. Para mantener las cosas en perspectiva, compilé una lista que te ayudará a identificar a un narcisista específicamente, el narcisista maligno. Esta lista se basa en ciertos rasgos. Sin embargo, necesitas un psicólogo clínico para diagnosticar con precisión a un narcisista maligno, pero hasta que eso suceda, aquí hay algunas señales de alerta que deberían hacerle desconfiar de cualquier persona que muestre más de uno de estos rasgos.

1. Tienen un fuerte sentido de la autoimportancia
2. Están muy obsesionados con su idea de lo que consideran ideal (la esposa ideal, el amigo ideal, el amor ideal, la relación ideal).
3. Tienen un fuerte sentido del derecho
4. Tienen una expectativa poco realista sobre las cosas en general
5. Tienen tendencia a usar a otras personas para conseguir lo que quieren.
6. Son muy manipuladores
7. Carecen de empatía y muestran una falta de voluntad para reconocer las necesidades y emociones de otras personas.

Hay un dicho general que dice que los opuestos se atraen. Tal vez este sea el fundamento de la relación entre los narcisistas y un empático, porque, a nivel superficial, es difícil determinar por qué alguien tan sensible y generoso como un empático se enamorará de alguien tan frío y calculador como un narcisista, pero cuando se explora la dinámica de la relación, tiene sentido por qué estos dos opuestos se atraen entre sí. Sin embargo, esta relación sólo puede describirse como una receta para el desastre. Para entender mejor por qué esto continúa sucediendo, sentí que sería importante ver por qué estas dos personas se elegirían entre sí y para determinar eso, necesitamos ver qué es lo que cada personalidad podría ganar de esta relación.

Por qué los narcisistas se sienten atraídos por los empáticos

Si miras los rasgos de un narcisista, verás que para ellos cada relación en la que entran es una transacción comercial unilateral diseñada para favorecer a una sola parte. Te dejo con una sola suposición de quién es esa fiesta. Un típico narcisista maligno es muy calculador y nunca entran en nada sin un plan sobre cómo pueden tomar. Desde el principio, pueden reconocer instintivamente a las personas que les harían pasar un mal rato para lograr sus objetivos. Odian a las personas que no pueden manipular y en el lugar de trabajo, o en entornos donde se les exige que se unan a otras personas, uno encontraría al narcisista en desacuerdo con este tipo de personas. Para ver lo que le atrae a un narcisista, veamos cómo funcionan las relaciones con un narcisista.

Cuando a un narcisista le gusta alguien, se le enciende su encanto y por un breve momento, esa persona se siente como si fuera la persona más especial del mundo. En este lapso, el narcisista empuja suavemente para sentir su nivel de resistencia. Cuanto más débil es, más empujan. En esta etapa, seguirían manteniendo su fachada encantadora, y, cuando llegan a un punto en el que están absolutamente seguros de que esta persona está cautivada con ellos, su naturaleza sádica y sus verdaderas intenciones comenzarían a manifestarse. El exterior encantador que presentaban desaparece por completo o es utilizado como una forma de recompensa enferma por un comportamiento que consideran bueno. Este patrón de relación se desarrollar hasta que el narcisista se canse o hasta que los empáticos se despierten del hechizo que los cubrió. En algunos casos, suele terminar en tragedia. Dicho esto, veamos aquellas características que actúan como un imán para los narcisistas.

Un narcisista se siente atraído por alguien que;

- Es muy generoso emocional y físicamente
- Tiende a anteponer las necesidades de los demás a las suyas propias

- No se enfrenta a la gente que les importa
- No es antisocial pero tampoco muy social debido a su timidez.
- Tiene un fuerte sentido de lealtad
- Es emocionalmente sensible y algo frágil
- Se mueve fácilmente para actuar sobre las necesidades emocionales de los demás

Si te diste cuenta, todos estos son rasgos comunes de los empáticos.

Por qué se atraen la empatía hacia los narcisistas

¿Por qué a las chicas buenas les gustan los chicos malos y por qué los chicos buenos se enamoran de chicas realmente malas? Esta es la pregunta que me viene a la mente cuando pienso en empáticos saliendo con narcisistas. Pero después de estar en una relación como esta, entiendo por qué salí con esta persona. Los empáticos son arregladores de personas y nos sentimos naturalmente atraídos por las personas que creemos que lo nuevo puede arreglar. El narcisista puede encender su encanto al máximo, pero en cierto nivel, creo que un empático siempre puede sentir el daño que hay debajo. Y es este daño el que nos arrastra. Nos alimentamos de que vamos a ser esa persona especial que los arregla y los hace buenos. Cada gesto que es bueno y justo hacia nosotros sigue para cimentar o afirmar esta ilusión que hemos creado y cada lucha es interpretada como una de las cosas que tenemos que tolerar hasta que alcancemos nuestras metas. Si nos detenemos en esta ilusión el tiempo suficiente, las líneas entre la realidad y la ficción se desdibujan y esa ilusión se convierte en una realidad viviente que respira.

La atracción principal en todo esto para un empático tiene que ser la persona dañina que sentimos. Y entonces lo siguiente sería la necesidad de castigarnos a nosotros mismos cuando fracasamos en los proyectos de nuestra gente. Excepto en esta situación, la persona que recibe el castigo es la figura narcisista de nuestras vidas. Creo que la última pieza de este rompecabezas sería el hecho de que los empáticos se alimentan de emociones y el ego de un narcisista se alimenta de gente que se alimenta de sus emociones. Esto parece ser una relación simbiótica de la manera más insana, ya que una de las partes está siendo alimentada con alimentos mientras que la otra parte está recibiendo toxinas.

Como empático que lee esto, estoy seguro de que habrás reconocido un patrón similar de comportamiento que se exhibió en su relación anterior o actual. Para aquellos cuya relación previa mostró este patrón, agradece que esquivaste una bala. Si necesitas hablar con un psicólogo para que te ayude a sanar del daño de esa relación (habrá daños), no dudes en hablar con alguien. Cierra el ciclo, encuéntrate a ti mismo de nuevo y dejarlo ir. Si esta es tu relación actual, puede que sea hora de que la abandones. Esta no es una situación saludable para ti. Si aún no has sido separado de tus amigos y familiares en los que confías (este es un movimiento narcisista clásico), necesitas acercarte a alguien y pedirle una intervención. Por lo menos, tome un descanso temporal de esta persona. No esperes que esto suceda sin una reacción negativa del narcisista porque su ego estaría magullado y querrían redimirlo.

Señales de Empatía con un Vampiro Emocional

Si estás fuera de la dinámica de observación de la relación entre un empático y un narcisista, no es difícil ver de dónde viene el dolor y hacia dónde va. Los narcisistas son emocionalmente agotadores y, sin embargo, la empatía permanece en esa relación de todos modos. Siendo un observador de mis propias relaciones pasadas, puedo señalar el momento exacto en el que me di cuenta de que las cosas estaban yendo terriblemente mal. No importa lo bien que se presente un narcisista, hay señales incluso desde el principio. Sólo debes tener la mente abierta y dejar ir cualquier ilusión que puedas tener. Esta es la parte más difícil, pero hablaremos de ello en el próximo segmento. Por ahora, déjennos ver esas señales que pueden decirles inmediatamente que la relación en la que están los está destruyendo desde adentro.

1. Estás peleando una batalla en solitario

Para empezar, quieres el crecimiento de la persona más que ellos. Hay un dicho general que dice que se puede llevar al caballo al agua, pero no se le puede obligar a beber. El crecimiento individual es algo que tenemos que desear para nosotros mismos. Ahora, entiendo que como empático, podemos ver los lados de una persona que no mucha gente ve porque miramos hacia adentro y no hacia afuera. El problema es que la persona que vemos en el interior es la persona en la que tiene el potencial de llegar a ser, sin embargo, lo vemos como una realidad y nos comprometemos con esa ilusión. Si ellos no pueden ver lo que ves, no hay nada que se pueda hacer para cambiar las cosas. Reconozca esto.

2. Todo en su relación parece ser sobre ellos.

Una relación es una calle de doble sentido. Mientras sean 2 personas involucradas, es importante que las necesidades, opiniones y sentimientos de las partes involucradas sean reconocidas y atendidas en forma igualitaria. Cualquier otra cosa significaría que una parte se está beneficiando y la otra parte está sufriendo. Los empáticos tienen una tendencia a ser adictos al sufrimiento que normalmente se infligen a sí mismos. Esto es lo suficientemente difícil como para no mencionar lo insalubre que es lidiar por tu cuenta, pero si estás en una relación y esto es por lo que estás pasando, lo más probable es que tengas un vampiro emocional en tu vida que te está explotando por todo lo que tienes. Puede que sea el momento de dejar esa relación.

3. Tienen un sentido general de derecho

El hecho de que estés en una relación con alguien no significa que le deba algo. Las personas se reúnen por razones mutuamente beneficiosas, sin embargo, no debería haber ningún sentido de derecho en cuanto al cumplimiento de esas razones. Tú eres tu propia persona. Lo que hagas con tu tiempo y cómo lo hagas es exactamente asunto tuyo. Si alguien trata de forzar sus necesidades sobre ti, eso es una señal de alarma.

4. La arrogancia de la persona con la que estás tratando bordea un juego de poder

Algunas personas son generalmente arrogantes, todos tenemos nuestro orgullo y egos. Pero cuando una persona se vuelve condescendiente en su comportamiento hacia ti, se vuelve insana. Te mereces ser respetado como una persona y una relación donde no hay respeto excepto cuando estás tratando con las opiniones y pensamientos de la otra persona cambia de una unión amorosa a una situación de tipo esclavo y amo.

5. Tu vida social está siendo controlada por la otra persona

Como empáticos, tenemos nuestros períodos de aislamiento. Sin embargo, no somos introvertidos por elección. Siempre tenemos ese círculo de amigos o familiares o personas con las que nos conectamos en general. El narcisista en nuestras vidas trabajaría duro para asegurar que estemos desconectados de las personas que nos importan. Para ellos, tener una empatía aislada de su red social los haría más maleables a sus manipulaciones. También sienten que va a haber menos interrupciones de esta manera. **Cómo dejar de ser un objetivo de los vampiros emocionales y energéticos**

Según mi experiencia, la palabra más difícil de decir para un empático, que casualmente también resulta ser la palabra mágica que puede hacer que la vida sea significativamente mejor para ellos, es la palabra "no". Aparte de la capacidad de decir no a la gente. Creo que al reconocer estas señales que enumeré anteriormente, te estás poniendo en el camino correcto para evitar que te metas en relaciones tóxicas. Ahora que puede detectar una relación abusiva, aquí hay algunas cosas más que puedes hacer para protegerte.

1. Educarse sobre los conceptos de una relación ideal

Los narcisistas, proyectan su propia percepción de una relación. Desafortunadamente, a menudo se basa en sus experiencias personales con las personas. Esto puede estar mal porque la mayoría de las veces, su relación con las personas tiende a tener este componente parasitario en el que una persona se alimenta de la otra persona. Las relaciones sanas no funcionan así. Hoy, les insto a que lean sobre los materiales de las relaciones; vayan a Internet, lean libros y presten atención a las parejas saludables en su vida. Deja que las cosas que descubras te guíen a cómo debe ser una relación sana y normal.

2. No ignores tus instintos.

Uno de los maravillosos dones que tenemos como empáticos es la habilidad de leer con precisión a las personas, sin embargo, cuando nuestras emociones están involucradas, pasamos por alto la información que nuestros instintos están tratando de transmitirnos. Ignoramos nuestras entrañas y nos concentramos en las ilusiones que hemos construido alrededor de la relación y cuando esto sucede, incluso cuando vemos banderas rojas físicas que nos señalan hacia la toxicidad de la relación que todavía elegimos mantener. Una de las muchas cosas importantes que vas a aprender para cuando termines de leer este libro es que tu instinto como empático es poderoso y también es una de las fuerzas guía en tu vida. A partir de este punto, tienes que aprender a prestar atención a lo que la voz interior está diciendo.

3. Dejar de tratar a las personas como proyectos que necesitan ser corregidos

Cuando entramos en una relación, vemos a una persona como una tarea para conseguir algunos puntos mentales si logramos arreglarlos. Cuando una persona se convierte en un proyecto, no vemos el elemento humano y, a menudo, ese elemento humano es la capacidad de oscurecer emocionalmente. Tener ese tipo de mentalidad a menudo nos mete en problemas porque cuando dejas de ver a una persona como una persona real, estarías ciego a su potencial para lastimarte. Te quedas atrapado en la imagen que has creado en tu cabeza. Su debilidad es su atracción mortal hacia las personas que están dañadas y son emocionalmente inestables. Reconozca esto y haga esfuerzos para corregirlo lo antes posible.

4. Conoce a una persona antes de que decidas salir con ella

Se pueden evitar muchos errores si se toma el tiempo para conocer a la persona con la que se está comprometiendo. Pueden presentar un exterior falso inicialmente, pero con el tiempo que han creado deliberadamente para llegar a conocerse, pueden despegarse con éxito de esas capas y llegar a ver quiénes son realmente. Esta es una regla de oro para todo tipo de relaciones, pero es especialmente importante para los empáticos.

5. Enséñese a desear lo mejor

La mayoría de los empáticos sienten que es engreído querer o desear cosas buenas y esto es comprensible ya que va en contra de su naturaleza que pone a todos por delante de sí mismos. Pero si quieres evitar las relaciones tóxicas, es importante que no sólo seas capaz de reconocer las cosas buenas y a la gente buena, sino que también seas capaz de querer esas cosas buenas para ti mismo. Te mereces la felicidad. Siempre recuérdate a ti mismo que no importa cuánto des de ti mismo, no puedes hacer que alguien que es malo por naturaleza se convierta en bueno. Es como beber veneno con la esperanza de que cuando el veneno llegue a tu estómago, se convierta en una bebida refrescante. No tiene sentido.

Capítulo Seis - Sanando el Corazón de Empatía

No soy la clase de persona a la que le gusta tener autocompasión, pero creo que en este lugar donde estamos ahora mismo, sería justo reconocer la lucha emocional por la que todos pasamos como empatía. Después de descomprimir todo lo que hice en el último capítulo, siento que este es el momento adecuado para simplemente poner una pausa en todo e inhalar.... respirar en el momento. La vida es realmente hermosa. Y sólo podemos disfrutarlo si podemos salir de nuestras cabezas por un momento. Debido a que soy una empática, entiendo que vivir fuera de nuestras cabezas no es realmente un lujo que podamos permitirnos, especialmente porque tenemos que tratar con la gente y sus emociones día por medio. Pero eso está bien. Necesitamos estas emociones en otros para alimentar el don que tenemos en nuestro interior, sin embargo, a medida que pasamos por estas emociones es importante tener un equilibrio en el que no sólo dejemos ir las cosas dolorosas e hirientes que sentimos, sino que encontremos una manera de sanar nuestros corazones.

En el primer capítulo de este libro, hablé sobre algunos de los conceptos erróneos que la gente tiene sobre los empáticos. Uno de esos conceptos erróneos es la idea de que los empáticos son personas rotas. A veces el dolor que llevamos no es nuestro dolor. ¿Recuerdas el efecto espejo? Estos son sentimientos que absorbemos de otras personas y si no tratamos con esos sentimientos, podríamos terminar con una crisis en nuestras manos. ¿Cuál es el sentido de todo esto? La sanación en este sentido no significa necesariamente que estemos quebrantados. La sanación para nosotros es una manera de ordenar las emociones; una manera de relajarse y calmarse está en nosotros mismos. La curación de un empático es más que una actividad biológica provocada por el dolor. Es un camino hacia nuestro bienestar emocional equilibrado.

5 actividades de sanación para que los empáticos se relajen

Hay diferentes tipos de empatía (ya hemos visto más de un puñado de ellos) y la clave para su curación suele residir en su naturaleza intrínseca. Para el empático compasivo, su camino hacia la curación probablemente podría encontrarse en actividades que recompensan su necesidad de ayudar a la gente. Por lo tanto, algo tan simple como servir sopa en un refugio para personas sin hogar sería relajante. Para los empáticos físicos, las actividades que involucran conectarse con la gente, especialmente cuando el foco de la conexión es la sanación, serían útiles. Tales actividades pueden ser un buen masaje corporal o una sesión de Reiki. Para los empáticos con los animales, el solo hecho de pasar un día disfrutando de una actividad divertida con sus mascotas favoritas puede hacer muchas maravillas para su salud mental. Estas cosas que he mencionado son únicas de la naturaleza de la empatía

Sin embargo, hay actividades generales simples que los empáticos pueden llevar a cabo que los llevarán a ese lugar donde pueden empezar a experimentar la curación internamente Recuerda que la curación de un empático no es iniciada por una droga o el uso de una sustancia sin importar cuán suave sea. No necesitas empezar a hacer algo que podría volverse adictivo. Sin embargo, he creado una lista de 5 actividades generales que pueden ayudarte a llegar a un lugar de calma. Use esto como una guía. El objetivo es que al final del segmento, pueda relacionarse con más de una o dos actividades de esa lista. Recuerde que su bienestar emocional es muy importante. Si alguna vez vas a disfrutar de tus dones como empático, necesitas aprender a relajarte.

1. Comenzar a escribir en un diario

Llevar un diario es una actividad terapéutica que tal vez no se dé cuenta de que necesita. Es una excelente manera de sacarte de tu cabeza. Si eres observador, te habrás dado cuenta de que he usado mucho esta frase "sal de tu cabeza". Lo que quiero decir es salir de ese espacio mental donde estás constantemente procesando emociones. Sé que como empático necesitas lidiar con diferentes tipos de emociones al mismo tiempo. Si mantienes ese proceso dentro de tu cabeza, especialmente durante un largo período de tiempo, es muy probable que termines estresado. No muchos empáticos tienen amigos con los que puedan hablar o personas que entiendan por lo que están pasando. Un diario le permite escribir sus pensamientos y ordenar sus sentimientos sin tener que lidiar con la reacción de procesar esas diversas emociones. Es una experiencia relajante, ya que le da enfoque y cuando tienes enfoque, estás más en control de lo que siente y cómo le afecta.

2. Libera a tu artista interior

Esta parte puede ser un poco difícil de entender. Pero esto es lo que quiero decir. Cuando estás pasando por una de esas experiencias emocionales, puedes tomar ese dolor y convertirlo en arte participando en actividades que requieren que seas creativo. Esto podría ser una actividad como escribir un poema, pintar o algo así como carpintería. Ahora date cuenta de esto, no se trata de lo que tú creas. Se trata del proceso. Por experiencia, este proceso crea lo que yo llamo transferencia de energía. Esa emoción negativa que sientes se convierte en un proceso creativo que tiene el potencial de convertirse en arte. No tienes que aspirar a hacer algo grande (que sólo agravaría el estrés), puede ser algo tan simple como salpicar colores en un tablero o jugar con las palabras. Estas son formas muy buenas de ayudarte de nuevo, de salir de tu cabeza.

3. Defiende una causa que te importa

Sabes que quieres hacer la diferencia y aliviar el sufrimiento de la gente. Tomarse un momento para dar hacia una causa que es importante para puede tener un efecto relajante en ti. Si prefieres ser práctico, puedes ser voluntario por unos minutos u horas (dependiendo de tu horario). Te ayuda a cuidar su instinto de "proyectar a la gente" mientras le da una distancia adecuada.

4. Cambie su rutina

Los empáticos son criaturas de hábitos. Se sienten seguros en esas rutinas a pesar de que esas rutinas pueden no ser buenas para su salud mental y física a largo plazo (¿recuerdas mi experiencia con el sofá y la pastelería?). Romper con la rutina puede sonar aterrador, pero cuando das el paso, el resultado puede ser exultante. Sin embargo, una palabra de precaución. Asegúrese de que la nueva rutina a la que se apunta sea beneficiosa para su salud mental.

5. Meditación

Esta lista no estaría completa si no hubiera una mención de la meditación. Si aprendes a hacerlo bien, puedes inducir un estado de completa calma sin importar lo estresado que te sientas. Incluye palabras de afirmación como parte de su rutina de meditación para que la experiencia de meditación sea aún más relajante. Encontré mi paz en Reiki, un viaje de sanación energética que realizo diariamente.

Pasos para sanar sus desencadenantes emocionales

Los desencadenantes emocionales son eventos, recuerdos, lugares o incluso palabras que en el momento en que los ves, invocan un tipo específico de reacción emocional. Cuando algo te sucede, nuestros cerebros crean vías neurales (es por eso por lo que tener nuevas experiencias en forma regular es bueno para ti) y cuando esas experiencias son negativas, la emoción que experimentaste en ese momento se registra y cada vez que algo similar sucede, te transportas inmediatamente a ese momento. Es por eso por lo que puedes percibir algo como decir una fragancia y te transportas a una época de tu infancia en la que alguien importante en tu vida hizo algo mientras usaba esa fragancia. Las emociones desencadenadas pueden ser buenas o malas, esto está determinado por la experiencia que has tenido.

Obviamente, te sentirías cómodo reviviendo buenas emociones a menos que llegue a un punto en el que esos recuerdos te impidan seguir adelante con su vida. Las emociones negativas nos afectan de muchas maneras y esas casi nunca son buenas. Personalmente, creo que lo único bueno que proviene de las experiencias negativas son las lecciones que proporcionan. Cualesquiera que sean las emociones que se estén desencadenando, el hecho es que estás siendo retenido de seguir adelante y vivir su mejor vida ahora. La mejor manera de avanzar es hacer lo siguiente;

1. Permanecer en el momento

Deja de hacer un viaje por el carril de los recuerdos. Si ocurre un evento que le hace pensar en el pasado, no se aferre a él. Concéntrate en lo que está sucediendo. No dejes que las emociones que provocan te retengan y, lo que es más importante, no veas tu presente como una oportunidad para vengarte de tu pasado. Aborde la situación a medida que se presenta.

2. No intentes controlar la situación

El control es una ilusión y si compras en esta ilusión, aumenta el estrés y la ansiedad que viene con revivir los desencadenantes emocionales. Acepta que no puedes controlar lo que te está pasando, no puedes controlar a nadie involucrado en la situación que te está afectando, sin embargo, tu experiencia no tiene que estar determinada por esta cosa por la que estás pasando. Suena como una contracción, pero esto es lo que quiero decir. Tienes la opción de cómo se siente porque eso es sobre lo que tiene control. La felicidad o la tristeza que sientes y cuánto tiempo sientes esas cosas es determinada por ti. Así que, abandona la situación, pero controla tus emociones.

3. No huyas de ella.

Hay un dicho que dice que la salpicadura de agua de la que huyes hoy podría convertirse en la piscina que te ahoga mañana. Puede ser doloroso confrontar nuestros sentimientos. Pero es en esa confrontación donde encontrarán la verdad y ya saben lo que dicen sobre la verdad y la libertad. Y esto nos lleva al siguiente punto.

4. Conozca su verdad

Érase una vez, la gente pensó que el mundo era plano. Esto les impidió seguir lo que habría sido una aventura asombrosa y permanecieron donde están porque estaban enjaulados por esta "realidad". Pero cuando algunos valientes científicos fueron capaces de refutar esta teoría, la humanidad fue liberada para explorar los confines de la tierra. Los desencadenantes emocionales pueden estar basados en mitos que se ha alimentado a sí mismo y, por lo tanto, cada vez que se enfrenta a una situación que desencadena esas emociones, estás atrapado en lo que siente. Rompa el ciclo refutando esos mitos. El resultado puede no ser algo que les guste, pero sea lo que sea, pueden llegar a ser dueños de su verdad.

5. Acepta todas tus peculiaridades

La vida es una bola de fuego de giros y giros inesperados y puede golpearnos en cualquier momento. La gente en nuestras vidas venía y se iba. No puedes aferrarte a un recuerdo o a una persona porque tienes miedo de lo que te pasaría después de dejarlos ir. Este miedo se debe principalmente a que no has llegado a un lugar de aceptación. Eres inusual, eres único y las experiencias que tienes son locas, pero eso es lo que te hace excepcional. Al abrazarte a ti mismo, inclínate a amarte más a ti mismo. Cuando te amas a ti mismo, todo lo demás que te sucede es secundario.

Técnicas poderosas para la curación y la autoprotección

El ajuste predeterminado de cualquier persona cuando se siente amenazada es ir a un lugar donde se sienta segura. Es posible que no siempre tenga el lujo de correr a su espacio seguro. Entonces, ¿a qué te dedicas? Detente. Tómese un tiempo y relájese. Estas poderosas técnicas que he aprendido se han convertido en un mecanismo de afrontamiento para mí y no puedo recordar un momento de mi vida en el que haya sido más feliz.

Afirmaciones

Estamos hechos de las palabras que nos decimos a nosotros mismos. Si no te hablas a ti mismo, las palabras que otras personas te hablan se convertirán en el fundamento sobre el que se construye tu vida. Y sabemos que el mundo puede ser un lugar cruel. Algunas de las cosas negativas que la gente te dice no vienen de un lugar de malicia. Simplemente no saben lo que hacen. Pero a pesar de las intenciones detrás de sus palabras, no quieres dejar tu paz y cordura a las palabras de la gente. Las afirmaciones son palabras que dices para cargar su energía y a veces cancelan las palabras negativas que la gente habla hacia ti. Comienzo mi día con el siguiente canto;

"Soy un fuerte y poderoso componente en el universo y he sido facultado para tomar el control de mi día"

Encuentra frases y palabras positivas con las que te conectes. Cuando te sientas abrumado por tus emociones o por las actividades que están sucediendo a tu alrededor, habla esas palabras y absorbe la energía que te dan.

Trae alegría a tu vida

Si has estado esperando a esa persona cuya conexión traería alegría a tu vida, has estado buscando en el lugar equivocado. La única persona que necesitas para completar tu vida eres tú. Tienes que dejar de esperar el permiso de otra persona para ser feliz. Esto es algo con lo que vas a tener que lidiar por ti mismo. A los empáticos no les gusta esta verdad, pero créanme, en el momento en que la acepten, activarán la sanación en ustedes que es tan profunda. También te protegería de enamorarte de cualquiera que aparezca en tu radar. Empieza a hacer las cosas que te gustan, planea esas vacaciones de ensueño, toma esa clase de cocina. La vida es demasiado bella para pasarla esperando. Vive tu mejor vida ahora.

Conéctese con la naturaleza

No creo que haya muchas cosas tan refrescantes como conectarse con la naturaleza. Revitaliza tu alma y te deja sintiéndote elevado. Un simple paseo por el bosque puede dejarte mentalmente estresado. Rodearse de naturaleza es como enterrarse en la madre tierra. Esto es simbólico de estar en el vientre materno, que es uno de los lugares más seguros que hemos conocido. Cuando estés allí, absorbe la energía tranquila de lo que te rodea. Si se encuentra en la playa, escuche los sonidos de las olas estrellándose en la orilla. Imagínate tus miedos y tu ansiedad destrozados por esas olas y deja que el alivio te bañe. Acepten las bendiciones y las energías de protección que reciben y crean que son amados y protegidos. Experimentarías una sensación de salubridad.

Determine sus límites

Los empáticos luchan con una sensación de falta de control. Esta es la causa de la confusión emocional que siempre están experimentando. Se siente como si el mundo y los acontecimientos a su alrededor ocurrieran sin su consentimiento. Esto los deja en un estado de dolor, dolor y trauma emocional. Para superar esto, es importante que te recuerdes a ti mismo diariamente que todo y cualquier cosa que te suceda sucede con tu permiso. Está perfectamente bien decir que no. Ponga el 'no' ahí fuera y deje que ese sea su límite. Cuando te sientes cansado y no quieres seguir adelante en términos de tratar con la gente y su drama, está bien decir que no. No dejes que tu miedo a la percepción de los demás controle tu reacción. Baja los pies y no digas más de lo que normalmente dirías. La esencia de este ejercicio es empoderarte y llevarte a ese lugar donde puedes abrazar el control que tienes sobre tu vida.

Afirmaciones positivas que todos los empáticos deben saber

Con cada capítulo y segmento de este libro, estoy seguro de que tienes un conocimiento más íntimo de ti mismo. Ahora con ese conocimiento viene la necesidad de tomar acción. Ya sabes lo que dicen, el conocimiento sin acción es inútil. Pero antes de que lleguemos a la parte en la que empiezas a actuar con la información y sabiduría que has recibido, comencemos ese viaje empoderando a la persona hermosa dentro de ti. Hablé de las afirmaciones antes y ahora vamos a ser prácticos con ellas. He aquí algunas afirmaciones que creo que tendrían un gran impacto en la vida de un empático

1. Soy un alma hermosa y sensible. Mi sensibilidad es una fuerza poderosa y con esta fuerza, cambio mi mundo.

2. Soy una persona muy importante y, en mi vida, prometo que la gente me valorará como persona. Mi círculo interior está formado por personas que valoran mis opiniones, mi presencia y mis sentimientos.

3. Hoy atraigo bendiciones y energías positivas a mi manera. Rechazo cualquier cosa que pueda infectar mi mundo con negatividad. Mi vida es hermosa. Mis experiencias son hermosas. Mi amor es hermoso.

4. He sido bendecido con el don de reconocer intuitivamente lo que es bueno para mí. Escucho mis instintos. Confío en mi instinto y estoy protegido por mis instintos. Mientras escuche mi voz interior, no me haré daño.

5. Hoy construyo un muro a mi alrededor que protege mi energía de personas que son emocionalmente agotadoras. Me comprometo a permanecer en relaciones que me nutren tanto como yo los nutro a ellos.

6. Me merezco la felicidad y por eso hoy, me mimaré. Me daré el gusto de seguir una dieta saludable. Ejercitaré mi mente y mi cuerpo. Hoy, me comprometo a ser bueno conmigo mismo.

Capítulo Siete - La empatía sana y feliz

Ahora que hemos mirado la empatía herida, así como los problemas que los empáticos enfrentan y luego hemos pasado por este proceso en el que encontramos la curación en nuestro interior, ¿cómo sabemos que hemos sido sanados? Esa es la esencia de este capítulo. Quiero que veamos bien cómo es una empatía feliz. Porque sí, es posible ser feliz y saludable tanto emocional como físicamente. Siempre va a requerir mucho trabajo. No hay necesidad de esconderse de ese hecho. Sabemos que estamos construidos de manera diferente a la persona promedio y por lo tanto la manera en que reaccionamos a las situaciones y eventos de nuestra vida es diferente. A pesar de los obstáculos causados por nuestra naturaleza inherente, encontraremos sanación. No hay duda de ello, pero a veces, lo mejor que puede motivarte a tomar el mejor curso de acción para ti sería tener una visión clara de ti mismo. Y ahí es donde estamos llegando en este capítulo. No estoy tratando de pintar un cuadro de color de rosa. Por si no te has dado cuenta, empecé este capítulo reiterando algunas de las dificultades que creo que encontraríamos en algún nivel. Dicho esto, creo que es hora de revelar la persona en la que podrías convertirte si sigues el curso. Continúe con sus afirmaciones y manténgase saludable tanto mental como físicamente y el resultado será gratificante.

Las 5 poderosas lecciones que todo empático debe aprender

1. Decir que no, no te hace una persona horrible.

Cuando pones a un empático en una posición en la que se supone que debe decir sí o no, instintivamente quiere decir sí. Esta es su naturaleza y, en un mundo donde todo es perfecto, esta es la actitud correcta. Desafortunadamente, el mundo es todo menos perfecto y decir que sí, cada vez que te preguntan sólo te prepara para una vida de arrepentimiento. A medida que evolucionas en tu viaje como empático. Esta es una de las lecciones más importantes que aprenderá. La vida no termina cuando dices que no. De hecho, lo que sucede es todo lo contrario. Tu vida comienza al final del no.

2. Está perfectamente bien que te pongas a ti mismo en primer lugar

La empatía es generosa hasta la médula. Ponen los sentimientos y emociones de los demás antes que los suyos propios. Esta naturaleza es lo que les gusta a las personas, pero al mismo tiempo, es lo que las destruye desde dentro. En este viaje, si vas a ser una mejor versión de ti mismo, una lección que debes aprender es que está perfectamente bien que te pongas en primer lugar.

3. Tu sensibilidad es una fuerza

Toda tu vida te han dicho que las emociones debilitan a una persona. El hecho de que hayas sido sensible a las cosas que suceden a tu alrededor te ha hecho merecedor del título de una persona débil y sensible, pero en este viaje descubrirás que tu sensibilidad es una de tus mayores fortalezas. Y cuanta más información adquieras sobre ti mismo, más poderoso te volverás.

4. Tú nunca fuiste el problema

La gente va a intentar tirarte tu naturaleza a la cara. Especialmente las personas con las que has compartido algún tipo de relación. Ya sea en el trabajo, en la escuela o en su relación personal. Debido a su incapacidad para entender el tipo de persona que eres, siempre parecerá que tú eres el problema desde el principio. Pero con la información que obtienes sobre ti mismo a medida que continúas estudiando tu personalidad y entendiendo de qué se trata la empatía, te darás cuenta de que el problema nunca fuiste tú en primer lugar. Y no se trata de asignar la culpa. Se trata de reconocer las cosas por lo que realmente son. Recuérdese constantemente (no importa cuán alto digan lo contrario) que la causa del problema no eres tú por la falta de comprensión de la gente.

5. La felicidad es una elección que haces

Esto aquí no es algo que sea exclusivo de los empáticos solos, muchas veces no nos damos cuenta de que la manera en que nos sentimos es realmente lo único que podemos controlar. Y, sin embargo, eso es precisamente lo que decidimos dejar en manos de otras personas. La felicidad no va a venir y llamar a tu puerta. No va a venir en la forma de una persona que asumes que es la persona perfecta para ti. No va a estar presente incluso si encuentras esa relación perfecta o si de repente te despiertas rico. La felicidad es como despertarse cada mañana y decidir cepillarse los dientes. Es algo por lo que tienes que esforzarte todos los días y si quitas algo de esta sección en particular del libro, que sea el hecho de que estás en control del estado de tu mente.

Prácticas diarias de una empatía sana

Si la felicidad es algo por lo que tienes que luchar cada día, ¿qué son esas cosas que un empático feliz haría para retener su felicidad? Es una pregunta curiosa, especialmente cuando se considera el hecho de que la felicidad significa muchas cosas para diferentes personas. Desde mi experiencia personal, la verdadera felicidad no viene de las cosas que puedes poseer o de las cosas que puedes comprar. La felicidad genuina se encuentra en los pequeños placeres que tomas en los pequeños momentos que vienen a ti. Puede ser muy fugaz, por eso es importante estar presente en cada momento, porque si te pierdes esos momentos, no perderás la oportunidad de ser feliz. Muchos de nosotros pasamos nuestros días postergando son la felicidad. Pensamos que si somos capaces de conseguir ese trabajo si somos capaces de comprar esa casa; si finalmente llegamos a conocer a esa persona perfecta ahora mismo, nuestras vidas serían mucho mejores y es entonces cuando sabemos que finalmente podemos encontrar la felicidad. Pero la cosa es que al declarar estas palabras nos privamos de una oportunidad real de ser felices. Deja de esperar a que te suceda la felicidad. Utilice estos ejercicios diarios para inyectar algo de felicidad en su vida.

Tómate un minuto para estar agradecido

Una de las razones por las que no podemos encontrar la felicidad es que estamos tan enfocados en las cosas que no tenemos, que nos olvidamos de las cosas que sí tenemos. Damos mucho valor a lo que esperamos obtener y no prestamos atención a las bendiciones que ya están en nuestras vidas. No importa cuán mala sea la situación, son pequeñas bendiciones a su alrededor. Y sólo puedes encontrar esas bendiciones si haces un esfuerzo consciente. Así que, cuando te levantes por la mañana, saca un minuto de tu día para estar agradecido por todo lo que tienes. Como dicen, hay que desarrollar una actitud de gratitud.

Comienza tu próxima aventura

Cuando te quedas atascado en una rutina, tu vida se convierte en un lugar muy aburrido. Pierdes esa sensación de maravilla que trae algún tipo de felicidad a tu vida. Es difícil ver las cosas buenas que tienes y apreciarlas por lo que son y no necesariamente porque no estés agradecido. Creo que tiene más que ver con el hecho de que has perdido el deseo de vivir. Hoy, vete a una miniaventura. No tiene que ser algo grande. Puede ser algo tan simple como probar una nueva cocina o tal vez comenzar un nuevo deporte. La meta es traer un sentido de novedad a tu vida; renovar tu pasión por la vida.

Cuando eres apasionado por tu vida, encuentras la felicidad en las cosas más pequeñas.

Muéstrate un poco de amor

Te mereces la felicidad. Lo he dicho varias veces y eso demuestra lo importante que es. Ahora mostrarte amor es algo contra lo que muchos de nosotros pateamos instintivamente porque pensamos que crea una cierta percepción sobre nosotros. El hecho de que nos preocupemos tanto por lo que los demás piensen de nosotros más que por nosotros mismos dice mucho de nuestro estado mental. No necesitas esperar a que la gente te ame. De hecho, no muchas personas pueden amarte más de lo que te amas a ti mismo. Si quieres dar la bienvenida al amor en tu vida, el primer lugar para empezar es contigo. Muéstrate un poco de amor. Sé más amable contigo mismo, tómate un tiempo para mimarte. Sé que dicen que salir a comer solo puede parecer un poco deprimente. Una vez más, esta es la percepción de otras personas. Si quieres salir a cenar, te recomiendo que lo hagas una vez al mes más o menos. Llévese al mejor restaurante que pueda permitirse y disfrute de una deliciosa comida. O ir a un spa si eso es lo tuyo. Disfruta de un buen masaje. Estas son pequeñas formas en las que puedes mostrarte, amor.

Tómate un momento para respirar

Vivimos vidas muy ocupadas y el mundo en el que estamos hoy se mueve a un ritmo muy rápido. Tanto es así que desde el momento en que te levantas, hasta el momento en que bajas la cabeza por el día, parece como si hubieran pasado 24 horas volando. Es importante hacer pausas a lo largo del día. No tienes que hacer nada significativo durante esas pausas. Algo tan simple como concentrarse en su respiración puede hacer mucho para mejorar el resultado de su día. Cuando te sientas tenso y nervioso, haz una pausa en lo que sea que estés haciendo. Respira profundamente y exhala; imagina que la tensión y el estrés que sientes fluyen con esa respiración. Hay varios ejercicios de respiración que están diseñados específicamente para reducir el estrés. Podrías buscarlos en Internet y tal vez probarlos. Si eso suena un poco complicado para ti, sólo tienes que hacer pausas durante el día. Deténgase y huela las proverbiales rosas.

Tenga una visión de su futuro

En términos muy simples, esto se llama soñar. Cuando dejas de soñar, es muy fácil perder tu felicidad. Esto no quiere decir que no debamos estar arraigados al momento. Lo que quiero decir es que una visión de tu futuro te ofrece una alternativa hacia la que puedes caminar sin separarte de tu presente. Es importante que reconozcas la dinámica de esto. De cara al futuro, les insto a que sueñen un poco más de lo que normalmente lo harían. Imagínate la felicidad que esta visión te da y deja que fortalezca tu presente.

Deja de sentir empatía por el dolor y comienza a sentir empatía con alegría

Como empáticos, tenemos una tendencia a conectarnos con el dolor. Cuando vemos a alguien con dolor, reflejamos ese dolor en nuestras vidas. Esto nos hace pasar por ese dolor como si fuera nuestro propio dolor. Pero cuando se trata de alegría u otras emociones positivas, por alguna razón tenemos un desapego. Somos incapaces de reflejar esa alegría y al hacerlo, no vivimos esa alegría como si fuera nuestra. Nuestro sesgo hacia el dolor no es algo que se entienda fácilmente. Tal vez sea porque el dolor tiene una intensidad que nos llama o porque podemos participar activamente en la resolución del dolor de otra persona. Cuando se trata de la alegría, por otro lado, se siente que, porque no hay nada que podamos hacer al respecto, no nos involucramos tanto y creo que este es parte del problema. Cuando presenciamos emociones en otras personas, estamos psicológicamente programados para reaccionar a ellas y queremos hacer algo al respecto.

Bueno, eso era sólo una especulación, sin embargo, la ciencia nos dice algo similar. Según la ciencia, nuestro cerebro no reacciona con la misma intensidad a la alegría que al dolor. Lo que eso significa es que, como seres humanos, nos resulta más fácil compartir el dolor y el sufrimiento de los demás que compartir su alegría. Creo que esta experiencia es aún más cierta en el caso de los empáticos. Los expertos creen que hay mucha más recompensa psicológica cuando reaccionas al dolor de otras personas que cuando reaccionas a su alegría. Esto continúa reforzando mi teoría de que nos sentimos mucho mejor cuando estamos involucrados en el proceso de alguien y el dolor te permite más participación que la alegría. Cuando ves a una persona experimentando alegría, simplemente tienes que estar feliz por esa persona. Pero cuando se trata de dolor, nuestra "personalidad de fijador" se aprovecha. Ahora bien, esto no significa que queramos que la gente esté sufriendo todo el tiempo o incluso en absoluto. Eso demuestra lo que hacemos subconscientemente.

Y sólo porque estés programado para hacer algo subconscientemente no significa que tu personalidad haya sido definida por esto. Puede dar el paso para cambiar esta actitud. Es bueno responder al dolor de otras personas, pero también es bueno responder a su felicidad. Esto no es sólo para la persona a la que estás reaccionando, sino también para ti mismo. Para ser un empático feliz, sano y bien fundamentado, es importante que encuentres un equilibrio entre estas dos reacciones. Cuando veas a alguien feliz, sigue adelante y regocíjate activamente con él. No hay ninguna regla que diga que no puedes hacer algo para celebrar esa felicidad. Si haces el esfuerzo consciente de celebrar la felicidad de los demás, te darás cuenta de que también hay recompensas involucradas en esto.

Así que hoy quiero que añadas a tu lista de afirmaciones el deseo de celebrar la felicidad de otras personas. Cuando la próxima vez que alguien en su círculo anuncie una buena noticia, ofrézcase para llevarlos a celebrar el evento. Ni siquiera tienes que esperar a que ocurra algo positivo. Puedes sacar un bolígrafo y papel y escribir una carta de agradecimiento a tu amigo, familia o ser querido a la antigua usanza. Piense en una manera creativa de mostrar su empatía por su felicidad. Puede que al principio sea un poco pesado, pero a medida que lo sigues haciendo, se convierte en una parte normal de ti.

Practique la empatía no reactiva

Decirle a un empático que deje de reaccionar a las emociones y energías que les quitan a otras personas es como decirle que deje de respirar. Esto es lo que somos y ahora mismo, espero que hayas llegado a ese lugar de aceptación. Ahora, este segmento se trata de llevarte a ese lugar donde no reaccionas a cada energía o vibración a tu alrededor. Esto puede ser difícil, especialmente si está rodeado de personas con dolor. Sin embargo, debes tener en cuenta que para llegar a ser un empático feliz y saludable, esta es una habilidad que vas a tener que aprender. Mira las cosas que suceden a tu alrededor y desarrolla una manera diferente de reaccionar a esas cosas. ¿Ves cómo no te digo que dejes de reaccionar? Sólo digo que desarrollemos una forma diferente de reacción. Para poder hacer esto, tienes que venir de un lugar de autoconciencia. Saber quién eres y cómo ciertas cosas te hacen sentir te equipan para estar más preparado ya que puedes anticipar tu reacción.

Otra cosa que tienes que entender es que nada es lo que parece. Puedes haber caminado emocionalmente a través de los zapatos de esa persona, pero eso no significa que tenga una imagen completa de lo que está sucediendo. Este es un error común que nos es muy peculiar como empáticos. Sentimos que nuestra conexión con la experiencia de la gente nos da acceso a la imagen completa. Digamos, por ejemplo, que te tropiezas con un vagabundo en la calle. Está sosteniendo su taza de hojalata como de costumbre y pidiendo cambio de sobra. Reaccionas inmediatamente emocionalmente a su circunstancia actual y sabes cómo se siente en ese momento. Pero la cosa es que sólo se trata de ese momento específico. Teniendo esto en cuenta, le resultará más fácil desarrollar una reacción diferente o, al menos, reducir su reacción emocional a las cosas.

Los científicos nos dicen que el 90% de lo que hacemos se basa en el hábito. Por lo tanto, si quieres aprender a desarrollar nuevas formas de hacer las cosas, tendrías que volver a entrenar tu cerebro. Para ser menos reactivo, le insto a que haga una pausa consciente antes de reaccionar. Esa pausa podría marcar la diferencia entre reaccionar de forma exagerada y reaccionar adecuadamente. Un buen truco que tenía era pellizcarme cada vez que sentía que mis emociones se estaban acelerando. Actúa como una señal de advertencia que me recuerda que debo ir más despacio. Me tomó un tiempo recibir este mensaje, pero hoy en día, soy mejor por ello. Todavía me afecta el dolor que sienten otras personas, pero ya no me zambullo en todo lo que es primero la emoción. Siento, pienso y luego reacciono.

Capítulo Ocho - La empatía como superpotencia

Ahora que nos hemos quitado las gafas teñidas de rosa, podemos ver empatía por lo que realmente es. Y a pesar de todos los desafíos y luchas por los que pasamos como empáticos, es seguro decir que la empatía es una superpotencia. La empatía es la cualidad definitoria que nos hace humanos. La capacidad de ver a nuestros semejantes pasar por el camino de la vida, ya sea bueno o malo, y que sus experiencias se reflejen en nuestras propias vidas sin que tengamos que pasar por esas experiencias es increíble. Como empáticos, marcamos el ritmo de la humanidad. Somos más que observadores en la bibliografía mundial de todo lo que tiene que ver con las experiencias humanas. Somos participantes y, en cierto modo, diría que somos los contables. Es una cosa genial cuando piensas en ello. Ser la persona que atestigua la vida desde el punto de vista de la otra persona. No me importa lo que diga la gente. Pueden decir que eres demasiado emocional o reactivo o simplemente loco. Somos empáticos orgullosos y no hay mejor momento que ahora para ser dueños del poder que viene con el nombre.

Los 7 dones naturales que poseen todos los empáticos

1. Los empáticos son muy creativos: La perspectiva única dada a los empáticos les permite ver el mundo de la manera en que la mayoría de la gente no lo ve. Esta visión nos abre a una dimensión diferente de las cosas. En otras palabras, enfocamos las situaciones desde un ángulo diferente, lo que nos da la capacidad única de encontrar

soluciones creativas. E incluso cuando no estamos proponiendo soluciones innovadoras, somos muy hábiles en la creación de arte excepcional.

2. Los empáticos son curanderos naturales: Nuestra conexión con las cosas que nos rodean, ya sean personas, plantas o animales, nos da un vínculo que nos hace sanadores naturales. Tenemos una comprensión instintiva de la energía vital que fluye a nuestro alrededor, y jugamos con este conocimiento para proporcionar ayuda a quien la necesite y a quien la necesite. Combine esto con nuestra necesidad biológica de proporcionar cuidados y tendrá el curador natural perfecto.

3. Los empáticos están alertas a los peligros en el medio ambiente: Gracias de nuevo a nuestra conexión con el mundo que nos rodea cuando entramos en una habitación, hay algo en nuestro subconsciente o en nuestro ser que nos alerta inmediatamente tenemos la sensación de que hay una amenaza para nuestras vidas en ese espacio. Esto no es algo que puedas explicar. Simplemente sucede y es uno de esos regalos por los que estamos agradecidos.

4. Los empáticos pueden ver una mentira a una milla de distancia: Este tiene que ser mi regalo favorito como empático; la habilidad de detectar una mentira. No importa cuán bien hecha esté la mentira o cuánta evidencia física esté disponible para apoyarla, en el momento en que un empático encuentra una mentira, siente su falsedad.

5. Los empáticos pueden detectar la verdad: De la misma manera que un empático puede detectar una mentira, es la misma manera en que pueden detectar la verdad. En nuestro trato con la gente, los encontramos haciendo todo lo posible para enmascarar sus verdaderas intenciones o sus verdaderos sentimientos. Nuestra

conexión con la gente y nuestra habilidad para leer su energía permite ver bajo esas capas de pretensión y revelar la verdad.

6. Los empáticos tienen las mejores experiencias: ¿Imagínate poder experimentar el caleidoscopio de la emoción humana? Ese plano de intensidad te deja con una variedad de experiencias es que no mucha gente tendría el privilegio de experimentar. En el momento en que somos capaces de tener nuestros sentimientos bajo control, abrimos las puertas para experimentar la vida en su mejor forma.

7. Los empáticos son buenos leyendo el lenguaje corporal: La comunicación puede ser verbal o no verbal. La mayoría de las personas sólo son capaces de entender la comunicación a nivel verbal e incluso entonces, su incapacidad para sentir las verdaderas intenciones de las personas hace que sea difícil entender verdaderamente la dirección de esa comunicación. Para los empáticos, esto no es un problema. Además, pueden leer el lenguaje corporal de una persona para determinar lo que quiere decir o cómo se siente.

Los mejores trabajos para empáticos

En mi experiencia, los empáticos que son conscientes de sí mismos pueden caminar en cualquier campo en el que pongan su mente. Son aquellos que todavía están luchando con sus dones los que tienen dificultades para funcionar al máximo en ciertas áreas. E incluso entonces, siento que esto tiene más que ver con su personalidad individual que con sus dones como empáticos. Ahora una cosa es trabajar en un determinado campo y otra es prosperar en ese campo en particular. Para este segmento, me voy a enfocar en los caminos profesionales donde la empatía es más propensa a utilizar sus dones y tener éxito.

Esta lista es más bien una guía, así que tenga cuidado al aplicarla a su vida. Debes tener en cuenta cosas como tu área de especialización, tus habilidades básicas, así como tus talentos. Decidir dar un rodeo en estos campos basado en tu don de empatía por sí solo no te va a garantizar el tipo de éxito que deseas. El mensaje detrás de todo lo que estoy diciendo es que ser empático complementaría el conjunto de habilidades, así como cualquier otro requisito básico para estos puestos de trabajo en sus respectivas industrias. Con eso fuera del camino, exploremos esos roles de trabajo.

Psicólogo: La capacidad de empatía para escuchar es una de las cosas que los califica para este trabajo. Sin embargo, se necesitaría un empático que sea consciente de sí mismo para prosperar como psicólogo. La razón de esto es que los empáticos en su estado crudo y sin entrenamiento tienden a reaccionar emocionalmente. Los psicólogos necesitan un sentido de desapego. Aunque puedan identificarse con los sentimientos y emociones por los que está pasando su paciente, todavía tiene que haber esa línea para que puedan ofrecer una perspectiva objetiva y soluciones creativas. Sin embargo, creo que nació un empático para este trabajo.

Veterinario: En casi todos los lugares, un veterinario local también es conocido como el susurrador de animales. Ellos tienen una manera de conectarse con los animales bajo su cuidado y esta no es una habilidad que se aprende en cualquier salón de clases. Es algo innato. Necesitas el entrenamiento para poder proveer la solución correcta, pero necesita esa habilidad intuitiva para poder entender verdaderamente el problema.

Artista: Es bien sabido que los artistas son personas con almas extremadamente torturadas y eso es porque parecen ser sensibles al mundo que les rodea. Tendría sentido llegar a esta conclusión porque requeriría que tuvieras una gran profundidad de entendimiento para poder ver las cosas que otras personas ven como ordinarias y transformarlas en algo espectacular. Los artistas son la razón por la que puedes mirar una pintura y emocionarte hasta las lágrimas. O puedes escuchar un sonido y ser transportado a otro universo o leer un conjunto de palabras y tus emociones se agitan. Esto viene de la empatía

Consejera de orientación: Esto es similar al psicólogo, excepto que esta vez, está ayudando a los jóvenes a determinar su trayectoria profesional y ayudando a los niños a tomar las decisiones correctas en la escuela. Y siento que este es un papel que es muy adecuado para una persona empática porque pueden relacionarse con estas personas como ninguna otra persona puede hacerlo y también, su habilidad intuitiva para leer las verdaderas emociones e intenciones de las personas los pone en una mejor posición para ofrecer consejos cuando se trata de cosas como su carrera o sexualidad, las opciones en la escuela entre otras cosas.

Abogado: Las personas sin voz necesitan que un defensor hable en su nombre y ninguna persona puede hacerlo mejor que alguien que sea empático, la capacidad de relacionarse con la situación y la astucia que proporciona su capacitación los convertiría en una combinación letal en la sala de audiencias.

Cómo los empáticos pueden usar sus dones para manifestar el éxito

Los empáticos están en posesión de muchos de los regalos que caí les daría una ventaja en el lugar de trabajo su éxito no sólo está ligado a su carrera. Si se aplican correctamente diferentes áreas de su vida, encontrará que estás prosperando. Para este segmento, voy a ver cinco áreas diferentes en tu vida y veremos cómo puedes usar tu don.

En tu carrera

Independientemente del tipo de trabajo que hagas, lo más probable es que tengas otras personas con las que trabajar. Para un empático, esto le da la ventaja extra porque tiene una comprensión innata de cómo funciona la dinámica de las relaciones entre las personas. Para que tengas éxito en el lugar de trabajo, aquí está cómo trabajar sus dones a su favor;

1. Utilice su don de conocimiento de los problemas para desarrollar soluciones innovadoras. Su desafío en este sentido sería hacer que se escuchara su voz. Relájate, di la verdad e impresiona a tus colegas con tus increíbles ideas.
2. Usa tu habilidad de sentir energía para trabajar en el tiempo. Esto es muy útil cuando se presentan nuevos proyectos al jefe o cuando se presenta una queja.

En sus relaciones

Para el empático que aún no ha comprendido su personalidad, sus relaciones son complicadas o unilaterales. Con el conocimiento que ha adquirido, puedes construir relaciones que son saludables y prosperan.

1. Usa tu don de separar las verdades de la mentira, puedes seleccionar activamente el tipo de personas que instintivamente conoces para que tengan tu mejor interés en el corazón. Esto mantiene la energía a su alrededor positiva
2. Usa tu habilidad creativa para crear ideas de regalos, actividades divertidas y otras experiencias únicas que unan a las personas y fomenten las amistades.

En sus finanzas

El dinero es difícil para cualquiera. Empático o no, necesitas conocimientos financieros básicos para poder manejar su dinero de manera efectiva. Es comprensible que el dinero no sea una fuerza motivadora fuerte para el empático, pero no hay ninguna razón por la que no se pueda ser rico. Dicho esto, tus habilidades empáticas pueden ayudarte en las siguientes áreas;

1. Monetiza tu pasión. Los empáticos se sienten conmovidos por las cosas que les apasionan. Si puedes encontrar una manera de hacer de su pasión una fuente de ingresos, te llevarías el premio gordo.
2. Use su red para crear valor neto. Sus relaciones suelen ser sus activos más valiosos. Aumente eso y sus activos crecerán.

En su salud mental

Tanto como los empáticos tratan con muchos problemas emocionales, si también pueden tener la mejor experiencia emocional. Para prosperar mentalmente, haga lo siguiente;

1. Usa tu radar de energía para filtrar los tipos de energía que permites en tu espacio. Con energías positivas, creces. Las energías negativas, por otro lado, tienen un efecto marchitador en ti.
2. Usa tu habilidad de conectarte para establecer una conexión con tus verdaderas intenciones. La gente camina por la vida confundida sobre las cosas que quiere. Esto los pone en un estado mental terrible. Pero tú no. Ponga su mente en ello y podrá saber exactamente lo que quiere en todo momento.

En tu vida espiritual

Tu espiritualidad ya no se trata de religión. Pero sobre tener armonía en el cuerpo, la mente y el espíritu. Los empáticos son uno de los seres más espirituales y puedes amplificar la experiencia haciendo cualquiera de las siguientes cosas

1. Aproveche la energía que rodea a la naturaleza para revitalizarse y refrescarse. Esto drenaría cualquiera de los excesos negativos traídos a tu vida y te ayudaría a mantenerte en un estado de bienaventuranza.

2. Enchufa tu talento natural en tu don de percepción. De esta manera, estás conectado a un suministro aparentemente interminable de ideas. La gente tiende a quemarse y cuando lo hace, se vuelve inquieta en su búsqueda de recuperar lo que ha perdido. Tu don empático puede proporcionar un suministro sostenible para tu talento.

El poder de la empatía en la actualidad

El mundo en el que vivimos hoy es caótico. Apenas hay un día en que enciendes las noticias y no sería testigo de la miseria y la tragedia con la que otras personas están lidiando. El advenimiento de la tecnología ha hecho posible que los medios de comunicación lleguen a los rincones más lejanos de la tierra y lleven estas historias de problemas a su puerta. Con la exposición constante a estas cosas, no es sorprendente que la gente se haya desprendido emocionalmente de los sufrimientos de la gente. Se ha vuelto tan malo que la empatía se ha convertido en una mercancía casi extinguida en el rango humano de las emociones.

El mundo de hoy está evolucionando y en mi opinión, sin empatía, el mundo se derrumbaría en un estado caótico. La empatía es lo que crea un equilibrio entre el dolor que un ser humano es capaz de infligir y la alegría que otro ser humano es capaz de dar. La empatía es lo que caracteriza a la humanidad. Tenemos nuestras diferencias en experiencias, en personalidades y en nuestras creencias. La empatía es el puente que nos conecta a todos. Dicen que el amor es un lenguaje general y que todo el mundo lo entiende. Esto fue quizás cierto hace algunos siglos. En el estado donde el mundo está ahora mismo, el amor tiene múltiples idiomas y se necesita un nivel de autoconciencia no sólo para hablarlo sino para hablarlo con fluidez.

La empatía es el nuevo lenguaje universal. La habilidad de conectarse con otro ser y estar interesado en su bienestar lo suficiente como para invertir en él es lo que el mundo necesita y esto es empatía a nivel general. La empatía responde a la necesidad y el mundo es un lugar lleno de gente necesitada y no lo digo en el sentido de 'pegajoso'. Todo el mundo necesita ser escuchado en algún nivel por alguien más. Sin empatía, esa necesidad seguiría creciendo durante mucho tiempo, lo que provocaría tensiones. El mundo de hoy funciona con el humo creado por estas tensiones y la empatía es la única manera de difundir la situación.

Todo lo que intento decir aquí es que eres valioso ahora más que nunca. Empezamos este viaje con la percepción de la gente de los empáticos. Y en retrospectiva, sería seguro decir que su analogía pone empatía en algún lugar entre un alienígena y una persona loca. Creo que ahora lo sabes mejor que nadie. Ahora sabes que eres un ser sensible, espiritual, lleno de luz y vida. Las luchas que has tenido hasta ahora son temporales y si constantemente pones en práctica los conocimientos que has adquirido aquí para trabajar, tienes el potencial de ser una persona extraordinaria. Eres el superhéroe que el mundo necesita en su esquina. Su presencia es un recordatorio constante de que hay mucho bien en el mundo y que no tenemos que mirar al cielo en busca de ángeles.

Conclusión

Al principio del libro, mi objetivo era documentar mi viaje de ser una persona fuera de control a darme cuenta de que soy una persona empática, consciente de sí misma y arraigada en los dones que me han sido dados. Pero con cada párrafo, empecé a imaginarme tu cara. A medida que los rasgos de tu rostro se aclaraban, empecé a ver tu personalidad y desde tu personalidad, te convertiste en una persona completa para mí. En algún momento del camino, este dejó de ser mi viaje. Se convirtió en nuestro viaje y me emocionó aún más compartir todo lo que he aprendido en mi camino hacia aquí con ustedes. La gente ha tratado de definirnos por sus propias experiencias y durante mucho tiempo, esta ha sido la vara de medir para los empáticos. Somos sensibles, somos emocionales, no lo tenemos juntos y si como yo inhibiste ese mensaje, puedo imaginarme lo problemática que debe haber sido tu vida hasta este punto. Y por eso escribí este libro. Quería reflejar el potencial que tiene cada empático. No somos bebés solitarios y llorones, sino poderosos guerreros con la capacidad de cambiar nuestro mundo. ¡Pruébate eso para ver si te queda bien!

Tomamos muchos desvíos en este viaje y el propósito de este era examinar todos los aspectos de nuestra vida diaria. Quería dividirlo en partes relacionadas. Veo este libro como un espejo y cuanto más claro es, mejor es la visión que tienes de ti mismo. Empezamos cambiando la narrativa sobre quiénes somos y luego, poco a poco, nos adentramos en la forma en que tratamos las situaciones cotidianas. Incluso caminamos hacia el lado oscuro de ser una empática y para ser honesta, ese fue un proceso muy difícil para mí.

Vi algunos de los errores que he cometido y eso me trajo recuerdos de algunos de los puntos más bajos de mi vida. Tengo la sensación de que también has pasado por dolores similares. Pero lo bueno es que mirar ese abismo me dio poder para tomar la decisión de ser mejor. Por eso, cuando pasamos a los capítulos en los que hablamos de nuestras habilidades únicas. La parte más intrigante para mí es el descubrimiento de que realmente tengo la capacidad de definir mi vida. Y esto es algo que todos compartimos como humanos.

Espero que después de todo lo que has leído y descubierto en este libro, encuentres el valor para abrazar la fuerza que sé que tienes en tu interior y que empieces a vivir tu mejor vida ahora. Puedo desear desde ahora hasta los confines del universo, pero no va a cambiar nada si no crees que mereces este precioso regalo. Hace años, cuando sentí que mi vida había terminado y que no tenía nada más que ofrecer, todo lo que quería era una segunda oportunidad de vida. Quería una segunda oportunidad. Durante los años que me llevó aprender todo lo que he descargado en este libro, tuve mi segunda oportunidad. Sólo que no sabía que 'esto' era todo. Y por 'esto', me refiero al conocimiento que había adquirido con el tiempo. Mi madre solía decirme que el conocimiento es inútil hasta que lo pones en acción y al principio, eso era lo que esta información era para mí. Hasta que empecé a hacerla práctica. Y, por lo tanto, voy a transmitirles ese pedacito de sabiduría anciana. Tome todo lo que ha ganado con la lectura de este libro y aplíquelo. Es al aplicarlo que descubrirás lo que funciona para ti y lo que no funciona. A medida que cribas a través de ese proceso, te vuelves mejor, más sabio y fuerte.

Este libro describe el proceso de llevarte a un lugar más feliz y saludable paso a paso. Me aseguré de que el contenido fuera positivo, reconocible y práctico. Ser empático no es un concepto extraño. Esta es nuestra realidad y parte de mi objetivo era escribir un libro con una perspectiva equilibrada sobre cada aspecto de nuestras vidas. Si quisiera ser dramático, diría que este libro trata de inclinar la balanza a su favor y creo que hemos sido capaces de lograrlo. En tus manos ahora mismo una herramienta que muestra tus fortalezas y debilidades. Destaca sus intereses y tus pasiones y describe claramente los riesgos y recompensas. No es la varita de un mago la que simplemente puedes mover las muñecas, decir la palabra mágica y transformar tu vida de la noche a la mañana, sino que pone el poder de la transformación en tus manos.

Y ahora que hemos llegado al final, es mi más sincero deseo que su proceso no termine en el segundo que cierren este libro. Quiero que las palabras contenidas en este libro cobren vida en tu corazón. Quiero que te inspiren en momentos en los que te sientas deprimido y activen una pasión en ti que te vea perseguir tus sueños al máximo. Sin embargo, como empático, entiendo cuál va a ser su mayor lucha en todo esto y con ese conocimiento, aquí está mi deseo para ti. Deseo que te veas a ti mismo como la maravillosa persona que eres y que finalmente aceptes este regalo que se te ha dado. Casi puedo ver los engranajes en tu cerebro trabajando al unísono y espero que te dirijan hacia ese espacio donde finalmente puedes aceptar que mereces la felicidad. Que ya no tienes que seguir poniendo sus necesidades y sus sueños en segundo plano para todos los demás. Tienes tanto derecho como todos los demás a ser feliz. Eso no quiere decir que quiero que dejes de ser tú... sólo un recordatorio amistoso de que tus sueños y aspiraciones son parte de lo que eres. En ese sentido, les doy la bienvenida a los mejores días del resto de su vida. Sigue siendo auténtico.

CPSIA information can be obtained
at www.ICGtesting.com
Printed in the USA
LVHW081712120720
660464LV00020B/464